Bunte Topfgärten

vielfältig & schön

> Autorin: Karin Heimberger-Preisler | Fotografen: Jutta Schneider, Michael Will, Manfred Jahreiß und andere bekannte Gartenfotografen

Inhalt

Gartenpraxis

Das 5-Stufen-Erfolgsprogramm

>> vielfältig & schön

1 Planen

Richtig kaufen und Standortansprüche berücksichtigen: Damit schaffen Sie die besten Voraussetzungen für einen prächtig gedeihenden Topfgarten.

2 Gestalten

Gestalten Sie Ihren Topfgarten individuell: Ob bunt, romantisch oder elegant – fast jede Stilrichtung lässt sich verwirklichen.

3 Pflanzen

Fachgerecht und mit den geeigneten Materialien eingetopft, fühlen sich Ihre Topfpflanzen von Anfang an wohl.

4 Pflegen

Hier finden Sie alles, was Sie wissen müssen, damit Ihre Topfpflanzen gesund bleiben und üppig blühen.

5 Überwintern

Keine Angst vor der frostigen Zeit: So bringen Sie Ihre Topfpflanzen gut durch den Winter.

Pflanzenporträts

TOP 20

Die beliebtesten und pflegeleichtesten Topfpflanzen im Porträt

Pflanzentabellen

Anhang

➤ **GU Serviceseiten**

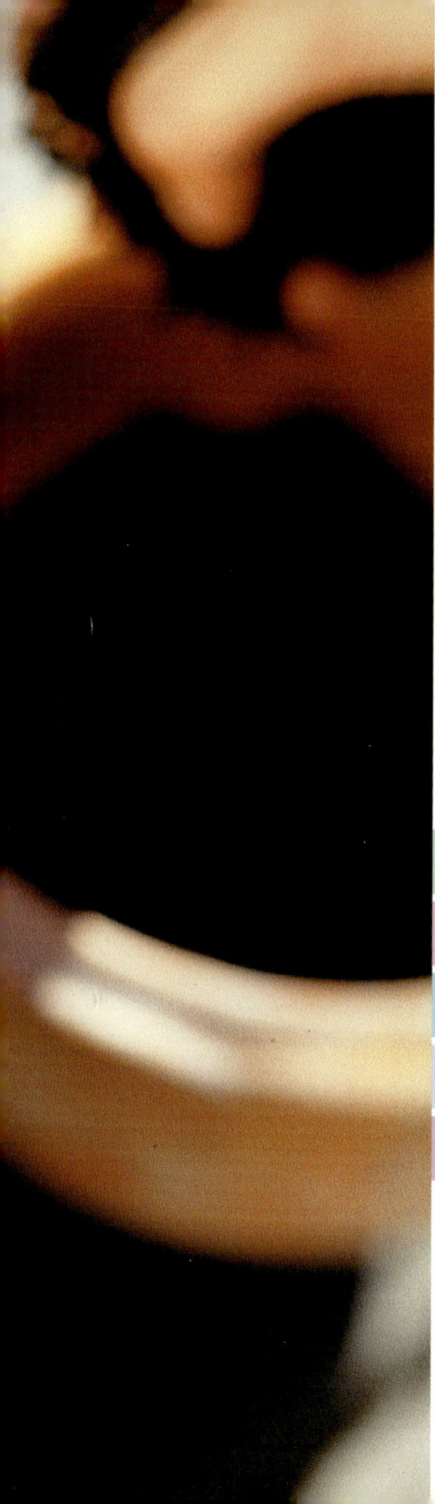

Gartenpraxis

Topfgärten planen

Topfpflanzen lassen sich zu einem individuellen Gärtchen arrangieren. Vorab gilt es jedoch, die Standort- und Platzverhältnisse zu prüfen. Nicht nur Pflanzenliebhaber ohne Garten haben Freude daran, ihre Lieblinge in Töpfen zu kultivieren. Auch auf der Terrasse, im Übergangsbereich zum Garten, umgibt man sich gern direkt mit Blühendem oder Immergrünem. Und so manche Vorgärten und Eingangsbereiche würden ziemlich trostlos aussehen, wenn nicht ein Empfangskomitee aus vielfältig bepflanzten Töpfen die Besucher begrüßen würde. Vielleicht reizt es Sie aber auch, mitten im Garten einen Bereich mit Topfpflanzen anzulegen, etwa um eine Bank oder einen Brunnen malerisch in Szene zu setzen.

Inmitten seiner Pflanzenschätze kann man die Abendstunden genießen.

Vorteile der Topfkultur

➤ Mit Töpfen lassen sich Ecken und Plätze begrünen, an denen sonst keine Pflanze wachsen würde.

➤ Töpfe sind mobil, und man kann sie problemlos immer wieder neu arrangieren.

➤ Frostempfindliche Arten können ohne großen Aufwand im Herbst ins Winterquartier geräumt werden (→ Seite 36/37).

➤ Substratmischungen und Düngermengen können auf die speziellen Ansprüche jeder einzelnen Pflanze genau abgestimmt werden.

Wo ist Platz?

Spätestens wenn sich zum geschenkten Oleander noch weitere Töpfe gesellen, sollten Sie sich eine maßstabsgetreue Skizze machen, um das meist begrenzte Platzangebot sinnvoll einteilen und nutzen zu können.

➤ Sitzplätze festlegen: Es ist zwar schön, wenn direkt neben dem Sitzplatz eine

>> vielfältig und schön

SPARTIPP

Selbst gebautes Rankgerüst

Anstelle eines vorgefertigten Rankgerüsts kann man die meisten Kletterpflanzen auch an einfachen Bambusstäben aufleiten. Pflanzen Sie dazu den Kletterer in einen großen Kübel. Dann steckt man drei lange Bambusstäbe um die Pflanze herum in die Erde und bindet die oberen Enden zeltförmig mit einem Hanfseil zusammen.

duftende Rose steht, doch möchte man auf Bank oder Stuhl nicht von den Pflanzen bedrängt werden und sollte bequem Platz nehmen können, ohne hängen zu bleiben.

➤ Durchgänge freihalten: Die schönsten Kübelpflanzen werden zum Störfaktor, wenn der Weg von der Terrassentür in den Garten einem Hindernislauf gleicht.

➤ Höhenstaffelung berücksichtigen: Wie im Beet kommen die höchsten Pflanzen nach hinten oder in die Mitte und werden mit niedrigwüchsigeren Arten umstellt. So kommt jede Pflanze gebührend zur Geltung.

Im Schatten der Hauswand ändert sich das Lichtangebot im Tageslauf.

Wie ist das Lichtangebot?

Nur wenn die Pflanzen ihrer Natur entsprechend mit Licht versorgt werden, fühlen sie sich dauerhaft wohl.

➤ Am unkompliziertesten sind Ost- oder Westlagen, die nur vormittags bzw. nachmittags direkte Sonne abbekommen und damit den Ansprüchen der meisten Arten gerecht werden.

➤ Wahre Sonnenanbeter blühen in sonnigen Südlagen besonders reich. Allerdings sollten Sie daran denken, dass den Pflanzen in den Gefäßen nur ein begrenzter Wurzelraum zur Verfügung steht. Bei mangelnder Wasserversorgung kann die pralle Mittagssonne deshalb sogar ausgesprochenen Sonnenfreunden zu schaffen machen.

➤ Schattenlagen, in die sich selten oder niemals ein Sonnenstrahl verirrt, sind ein Fall für richtige Schattenspezialisten. Die Auswahl selbst an blühenden Arten ist größer, als man denkt (→ Seite 44/45).

PRAXISINFO

Kleinklima beachten

- ✗ **Wärmestauende Südwand:** Hier kann es extrem heiß werden, was aber tropischen Arten wie Bougainvillee und Hibiskus gut bekommt.
- ✗ **Windexponierte Westlage:** Triebe empfindlicher Arten brechen leicht ab. Robust sind z. B. Hängegeranien und Männertreu.
- ✗ **Dunkle Schattenlagen:** Kein Problem für Astilbe, Aukube und Efeu.
- ✗ **Wärme speicherndes Mäuerchen:** In seinem Schutz gedeihen Kräuter und mediterrane Arten.

Aus der Vielfalt wählen

Mit der richtigen Mischung aus blühenden und immergrünen Pflanzen zieht der Topfgarten die ganze Saison über die Blicke auf sich.
Prinzipiell kann jede Pflanze im Topf gezogen werden – vorausgesetzt, man erfüllt ihre Ansprüche an Topfgröße, Substrat, Wasser- und Lichtbedarf. In der Praxis verzichtet man allerdings darauf, besonders ausladende Arten in Töpfe zu pflanzen. Großsträucher oder Bäume z. B. würden in kürzester Zeit die Dimensionen ihres Pflanzgefäßes sprengen. Ansonsten lohnt es sich jedoch, den Topfgarten so vielgestaltig wie möglich anzulegen, damit er zu jeder Jahreszeit attraktiv ist. Vorbild kann ruhig der Garten sein, in dem ja auch die unterschiedlichsten Arten nebeneinander existieren.

Strauchmargerite, Geranien und Kräuter wie das Rosmarinhochstämmchen ergeben ein abwechslungsreiches Ensemble.

Verschiedene Pflanzengruppen

Nach ihren Wuchs- und Lebensformen lassen sich die Pflanzenarten für die Topfkultur in folgende Gruppen unterteilen:

➤ **Sommerblumen** sind ein- oder zweijährige Arten, die am Ende der Saison absterben. Auch typische **Balkonblumen**, die in ihrer Heimat zwar mehrjährig sind, aber unsere Winter nicht überleben, können zu dieser Gruppe gezählt werden.

➤ **Stauden** sind mehrjährige krautige Arten, deren oberirdische Pflanzenteile im Herbst meist absterben.

➤ **Zwiebelblumen** läuten mit ihren farbenfrohen Blüten das Frühjahr ein. Manche Exoten wie Lilie und Schmucklilie lassen sich im Topf sogar besser kultivieren als im Beet.

➤ **Kübelpflanzen** sind ausdauernde, aber frostempfindliche Arten. Für ihre erfolgreiche Kultur benötigt man ein geeignetes Winterquartier.

➤ **Kletterpflanzen**, ob ein- oder mehrjährige Arten, er-

In gut sortierten Gärtnereien findet man ein reiches Angebot an Gehölzen und Kübelpflanzen für die Topfkultur.

obern mit verschiedenen Ranktechniken luftige Höhen und sorgen so für grüne Wände, Spaliere und Rankgitter. Viele begeistern mit einer enormen Wuchsleistung.

➤ **Gehölze** sind Bäume und Sträucher, die je nach Art ihr Laub im Herbst abwerfen oder ganzjährig behalten. **Immergrüne** wie Zwergkoniferen und Buchs sind als Strukturbildner im Topfgarten fast unverzichtbar.

➤ **Kräuter** liefern erntefrische Würze für leckere Gerichte. Sowohl heimische als auch südländische Arten lassen sich problemlos im Topf kultivieren.

➤ **Gemüse** und **Obst** aus Topfkultur schmecken ebenso lecker wie aus dem Beet, auch wenn die Ernte etwas bescheidener ausfällt.

Wann und wo einkaufen?

Im Frühjahr, wenn die Hauptwachstumszeit der Pflanzen beginnt, ist das Angebot naturgemäß am größten. Mit Ausnahme der frostigen Wintermonate lassen sich die meisten Arten jedoch auch während der ganzen Saison problemlos in das bestehende Ensemble integrieren.

➤ Gärtnerei und Gartencenter: Hier findet man laufend frisch gezogene Saisonware sowie ältere, bereits jahrelang an die Topfkultur gewöhnte Kübelpflanzen. Der Vorteil ist, dass Sie gleich sehen und riechen (wichtig bei Duftpflanzen), was Sie erwerben.

➤ Versandhandel: Die meisten Betriebe haben sich auf bestimmte Pflanzengruppen spezialisiert. Wer etwa auf der Suche nach einer ganz bestimmten Rosensorte oder einer ausgefallenen Zitrusart ist, wird hier meist schneller fündig als im Einzelhandel (→ Adressen Seite 61).

➤ Aus der Samentüte: Dies ist die kostengünstigste Methode, um Ihre Töpfe mit Blüten zu füllen. Allerdings brauchen Sie dazu Geduld und die richtige Anzuchtmethode (→ Seite 32/33). ■

CHECKLISTE

Qualität erkennen

✔ **Ist die Pflanze gesund?**
Blätter und Blüten müssen frei von Flecken und Verfärbungen sein. Schauen Sie sich auch die Blattunterseiten an, denn oft sitzen Schädlinge hier. Zweige und Äste dürfen keine Verletzungen aufweisen.

✔ **Sind die Wurzeln gesund?**
Die Erde darf weder nass noch ausgetrocknet sein. Der Wurzelballen sollte gut durchwurzelt sein, ohne dass zu viele Wurzeln aus dem Topfboden herauswachsen.

✔ **Hat die Pflanze ein harmonisches Wuchsbild?**
Achten Sie auf gleichmäßige Verzweigungen.

Fröhlich-buntes Potpourri

Blüten in allen Farben des Regenbogens und dazu eine ungezwungene Atmosphäre: Hier fühlen sich Groß und Klein gleichermaßen wohl. Wenn zu Ihren Lieblingspflanzen leuchtend rote

Doppelter Nutzen: Erst Platz zum Sandspielen, später Raum für Töpfe.

Rosen, knallig gelbe Sonnenblumen und meerblaue Glockenblumen zählen, dann ist der farbenfrohe Villa-Kunterbunt-Stil genau das Richtige für Sie! Die Kombination aus kräftigen Farbtönen macht einfach gute Laune und kommt niemals aus der Mode.

Im Wechsel der Jahreszeiten

Wer sich rund ums Jahr mit Farbenfreude umgeben möchte, kann bei Topfpflanzen aus dem Vollen schöpfen.

➤ Im Frühling eröffnen Zwiebelblumen mit ihren reinen, kräftigen Farbtönen den bunten Blütenreigen. Ideale Partner zu Tulpen, Narzissen und Hyazinthen sind Stiefmütterchen, Primeln und Goldlack, die es ebenfalls in vielen Farbsorten gibt. Ein Apfel-Hochstämmchen oder eine gelbe Forsythie können als »Schirmherren« dieser bunten Gesellschaft dienen und steuern ihrerseits auffällige Blüten bei.

➤ Im Sommer und Herbst kommt mit pflegeleichten Dauerblühern wie roter Geranie, gelber Studentenblume und orangefarbener Ringelblume richtiges Bauerngartenflair auf. Blaue Schmucklilie, roter Hibiskus und orange-gelbes Wandelröschen sind Kübelpflanzen, die sich gerne am bunten Reigen beteiligen. Unter hochwüchsige Arten oder Hochstämmchen können Sie einfach ein paar Kapuzinerkresse-Samen in die Erde stecken oder blaue Lobelie und weißen Duftsteinrich einpflanzen.

➤ Im Winter ersetzen bunte Glaskugeln in den Zweigen einer Immergrünen und rote Beerenzweige die farbenfrohen Blüten des Sommers.

>> vielfältig und schön

TIPP

Diese Pflanzen gehören nicht in Kindernähe

Hochgiftige Arten:

➤ Eibe, Engelstrompete, Enzianstrauch, Fingerhut, Geißblatt, Hammerstrauch, Krokus, Maiglöckchen, Oleander, Prunkwinde, Ruhmeskrone, Ziertabak

Stachlige oder scharfkantige Arten:

➤ Bougainvillee, manche Gräser, Rosen

Passende Accessoires

Konsequent ist es, wenn Möbel und Deko-Objekte das bunte Spiel mitmachen. Einfache Kiefernholzstühle werden mit einem Anstrich in Ihrer Lieblingsfarbe zum Hingucker. Ein blau lasiertes Rankgitter bildet zu den gelben Blüten der Schwarzäugigen Susanne einen lebhaften Kontrast, und eine rote Gießkanne sieht vor üppig bepflanzten Tontöpfen einfach klasse aus. Erlaubt ist, was gefällt – denn bunt zu bunt gesellt sich gern und passt fast immer.

»Kinder-Pflanzen«

Wer Nachwuchs hat, sollte einige Arten speziell für die Kleinen pflanzen. Da gibt es z. B. die Gummibärchenblume *(Cephalophora aromatica)*, deren Blätter bei Berührung verführerisch nach dem Naschzeug duften, Ringelblumen, deren Früchte wie geringelte Raupen aussehen, und Löwenmäulchen, die ihre Blüten auf leichten Fingerdruck hin aufsperren. An Sonnenblume und Kapuzinerkresse lässt sich die Entwicklung vom Samen bis zur fertigen Pflanze besonders gut verfolgen.

Primel, Ranunkel, Goldlack und Tulpe begrüßen den Frühling.

Erlebnisraum für Kinder

Um selbst mal eine kurze Pause im Liegestuhl einlegen zu können, sollte man für die Kinder eine Spielecke einrichten. Für Schatten sorgen hohe Kübel- und Kletterpflanzen oder ein Sonnenschirm. Großer Beliebtheit erfreuen sich ein Wasserbottich zum Plantschen oder ein kleiner Sandkasten zum Buddeln. Ein leicht zu säubernder Kunststoffteppich hilft, die Kleckerei hinterher schnell wieder zu beseitigen. ■

PRAXISINFO

Bunte Farbharmonien

- ✗ Blüten in **Komplementärfarben,** wie Blau und Orange oder Violett und Gelb, bilden einen starken Kontrast.
- ✗ Der klassische **Farbdreiklang** Rot-Gelb-Blau verfehlt niemals seine Wirkung. Die pastellige Version: Rosa mit zartem Gelb und Hellblau.
- ✗ Bei extrem gewagten **Kontrasten,** wie einer Kombination aus Pink und Orange, sollten die übrigen Blüten am besten in neutralem Weiß gehalten sein.

Romantischer Blütenzauber

Sanfte Farben und zarte Blüten, die keck aus Töpfen und Kästen quellen, schaffen ein lauschiges Refugium.
Es stört Sie überhaupt nicht, wenn die Blütenblätter der abgeblühten Rose zu Boden rieseln, sondern Sie finden es einfach zauberhaft? Dann gehören Sie zweifellos zu den Romantikern, die sich am besten mit üppiger Blütenfülle umgeben.

Zarte Blüten stehen im reizvollen Kontrast zur massiven Metallamphore.

Sanfte Farben bevorzugt

Grelles Gelb, das wie eine Diva alle Blicke auf sich zieht, oder knalliges Rot haben auf dem Romantik-Balkon nichts verloren. Hier ist pure Farbharmonie gefragt. Rosa, Blau, Hellviolett, Fliederfarben und Rahmweiß vereinen sich zu einem pastelligen Ensemble. Gelb sollte höchstens als ganz zarte Farbnuance auftauchen, wie man sie z. B. bei den gelbgrünen Blüten des Frauenmantels findet. Um Akzente zu setzen, wählt man ein kräftiges Violett wie das des Ziersalbeis oder einen frischen Pinkton, wie ihn das Schmuckkörbchen hat. Auch das silberfarbene Blattwerk von Heiligenkraut und der Fetthenne *Sedum sieboldii* passt wunderbar zu den abgetönten Pastellfarben und gibt dem Ganzen optischen Halt. Ein besonderer Zauber geht von den sanften Farben aus, werden sie abends von Kerzenlicht illuminiert.

Nostalgische Blütenformen

Wie die Farbe spricht auch die Form einer Blüte unsere Empfindungen an.

➤ Der Inbegriff der Romantik sind die dicht gefüllten Blüten alter Rosensorten. Züchter versuchen diesen nostalgischen Effekt auch auf andere Arten zu übertragen. So erleben gefüllte Romantik-Stiefmütterchen gerade im Frühjahr eine wahre Hochzeit, während gefüllte Fleißige Lieschen- und Knollenbegonien-Sorten im Schatten zu bezaubern wissen.

➤ Aus vielen erkennbaren Einzelblüten zusammengesetzte Blütenstände erscheinen viel anmutiger als eine große kompakte Einzelblüte. Ein gutes Beispiel dafür sind die Blütenbälle der Hortensie oder die hohen Rispen des Rittersporns.

➤ Kleinblütige Arten, die dafür über und über mit Blüten besetzt sind, lassen sich als Füllpflanzen zwischen andere Arten setzen, verfehlen aber auch einzeln stehend nicht ihre Wirkung. Eine besonders

Hellblau gestrichener Holztisch und -stuhl unterstreichen die Zartheit der Blüten von Rose, Phlox und Elfensporn.

romantische Natur besitzen z. B. Duftsteinrich, Elfenspiegel, Elfensporn, Männertreu und Schneeflockenblume.

Stille Eroberer

Kletter- und Hängepflanzen helfen jeden Winkel des Topfgartens mit Blütenschmuck zu füllen. *Clematis*-Sorten gibt es in herrlich pastelligen Farbnuancen, ebenso wie Duftwicke und Prunkwinde. Der einjährig gezogene Rosenkelch bezaubert im Spätsommer mit seinen anmutigen, ein wenig an Fuchsien erinnernden Nostalgieblüten. Alle genannten Arten brauchen eine stabil befestigte Kletterhilfe, an der ihre rankenden Triebe Halt finden. Verwehrt man ihnen diese Rankhilfe, lassen sie ihre Triebe anmutig wie Hängepflanzen weit über den Topfrand hinabregnen.
Die reichen Blütenkaskaden von zartrosa Hängepelargonien oder pastellfarbenen Fuchsien können Sie z. B. auf einer Blumensäule oder in einem Wandkorb gebührend zur Geltung bringen. ■

TIPP

>> vielfältig und schön

Nasenschmeichler

Duftende Blüten sprechen den Geruchssinn an und dürfen im Romantik-Topfgarten nicht fehlen.

- **Tagduftende Arten:** Bartnelke, Duftgeranie, Duftsteinrich, Duftwicke, Goldlack, Lavendel, Levkoje, Lilie, Rose, Sommerphlox, Sternjasmin, Vanilleblume
- **Nachtduftende Arten:** Engelstrompete, Geißblatt, Nachtkerze, Nachtviole, Wunderblume, Ziertabak

PRAXISINFO

Pastelltöne und ihre Wirkung

Pastellfarbene Blüten reflektieren letzte Reste des Tageslichts und sind daher ideal für Balkone und Terrassen, die häufig abends genutzt werden. Mit den Farben können Sie ganz unterschiedliche Wirkungen erzielen:

- **Rosa:** besänftigend und zurückhaltend
- **Hellblau:** kühl und beruhigend
- **Lila:** zart und nostalgisch
- **Apricot:** frisch und fruchtig

Elegante Pflanzeninszenierung

Bei diesem Stil bleibt nichts dem Zufall überlassen, sodass Pflanzen, Töpfe und Umgebung zu einer stilistischen Einheit verschmelzen. Wenn Sie Ihr Umfeld gern nach dem Motto »Weniger ist mehr« gestalten und Ihre Freude an prachtvollen Kübelpflanzen und stattlichen Immergrünen haben, werden Sie an einem Topfgarten im puristisch-eleganten Stil sicherlich Gefallen finden.

Im Herbst schmückt sich der Fächerahorn mit leuchtend rotem Laub.

Durchdachtes Farbkonzept

Weiße Blüten gelten als Inbegriff der Eleganz.

➤ Weiß als alleiniger Farbträger, zusammen mit dem Grün der Blätter, hat eine frappierende Frischewirkung. Damit keine Langeweile aufkommt, kombiniert man Blüten unterschiedlicher Formen und Größen. Weiße Lilien oder eine weiße Engelstrompete dominieren mit ihren großartigen Blüten das Bild. Als »Fußvolk« empfehlen sich Petunien, Pelargonien oder Bechermalven, natürlich alle in blütenfrischem Weiß.

➤ Wer Lust auf mehr Farbe hat, kombiniert zu einigen weißen, aufhellenden Blüten seine Lieblingsfarbe. Zusammen mit Blau ergibt sich eine nordisch-frische Wirkung, Rot kann sehr dramatisch inszeniert werden, und gelbe Blüten lassen auch an trüben Tagen die Sonne scheinen.

➤ Um jeden Eindruck schriller Buntheit zu vermeiden, kann man auch auf fein abgestimmte Ton-in-Ton-Kombinationen zurückgreifen. Stellen Sie z. B. einem dunkelviolett blühenden Enzianstrauch Töpfe mit blau-violettem Storchschnabel, zartlila Petunien, purpurrotem Fingerhut und der zartrosa blühenden Lavendelsorte 'Rosea' zur Seite.

Edle Charakterpflanzen

Suchen Sie sich ein oder zwei Lieblingspflanzen aus und stimmen Sie die übrige Bepflanzung auf diese ab. Je nach Geschmack können Sie mit der Artenauswahl dem eleganten Stil eine eher klassische, exotische oder puristische Note verleihen.

➤ Auffälliges Wuchsbild: Als Hochstämmchen gezogen, werden Kübelpflanzen wie Strauchmargerite oder Sternjasmin zum strahlenden Mittelpunkt des Topfarrangements. Aber auch ein Bambus oder ein Oleander überzeugen allein schon durch ihre imposante Wuchshöhe.

➤ Kunstvolle Formen: Buchs, Eibe, Lorbeerbaum und Myrte gehören zu den Immergrünen, die sich problemlos in Kugel- oder Kegel-

Die Terrassengestaltung, in der formierter Buchs und Liguster die Hauptrolle spielen, strahlt gelassene Ruhe aus.

form ziehen lassen. Mit ihren grafischen Formen und dem tiefen Grün bringen sie Ruhe in die Gestaltung.

➤ Edle Blüten: Umgeben Sie sich mit Blütenpflanzen, die nicht ganz alltäglich sind. Blumenrohr, Kamelie, kletternde Passionsblume und die dichten Blütentrauben der Schopflilie verzaubern mit ihren exotisch anmutenden Blüten. Allerdings sollten Sie vor dem Erwerb der oft wertvollen Pflanzen bedenken, ob Sie ihnen ein passendes Winterquartier bieten können (→ Seite 36/37).

➤ Bizarre Gewächse: Manche Arten wie etwa die Echeverie mit ihren blaugrünen, dickfleischigen Blättern oder die urigen Hauswurz-Arten verlangen geradezu nach einer besonderen Inszenierung. Eine metallene Pflanzamphore oder mit Moos und Flechten überzogene Tongefäße stehen in reizvollem Gegensatz zu den Pflanzen und ergeben zusammen eine exquisite Mischung.

Einheitliche Gefäße

Die Pflanzgefäße sollen den Charakter der Arten unterstreichen, anstatt von ihnen abzulenken. Wählen Sie schlicht geformte Töpfe und Kübel von klassischer Eleganz. Ein harmonischer Eindruck entsteht, wenn sich bestimmte Formen und Materialien wiederholen. ■

PRAXISINFO

Wertvolles Zubehör

- ✗ Setzen Sie nicht nur bei den Pflanzen, sondern ebenso bei der Auswahl von Möbeln, Töpfen und Accessoires auf Qualität.
- ✗ Ein gern verwendetes Stilmittel ist die Bildung von identischen Pflanzen- und Topfpaaren. Sie kommen besonders gut zur Geltung als Übergang von der Terrasse zum Garten oder im Kleinen als Tischdekoration.
- ✗ Klassische Sitzmöbel aus Teakholz, Korb oder blitzendem Aluminium schaffen Atmosphäre.
- ✗ Wählen Sie für Polsterbezüge und Tischdecken bevorzugt unifarbene Stoffe, die den Gesamteindruck nur dezent beeinflussen.

Lukullische Topffreuden

Nutzpflanzen zieren die Töpfe nicht nur mit Blatt- und Fruchtschmuck, sondern versprechen überdies reiche Ernte.

Sie genießen es, frische Zutaten für die Küche aus eigenem Anbau zu ernten und naschen gern im Vorbeigehen von süßen Erdbeeren, haben aber keinen Platz für einen Nutzgarten? Dann nutzen Sie doch stattdessen den geschützten Wurzelraum der Töpfe zum Anbau vitaminreicher Naschereien! Eines gilt es jedoch vorab zu bedenken: Für das volle Aroma brauchen die meisten Obst- und Gemüsesorten unbedingt einen sonnigen und warmen Standort.

Das Säulen-Apfelbäumchen verspricht Erntefreuden auf kleinstem Raum.

Würziger Kräuterzauber

Seit Aufkommen der leichten Mittelmeerküche erfreuen sich mediterrane Arten wie Basilikum und Rosmarin ebenso großer Beliebtheit wie die Traditionskräuter Petersilie und Schnittlauch.

➤ Pflanzen Sie nur Arten mit gleichen Ansprüchen in einem größeren Gefäß zusammen. Gut harmonieren z. B. die Trockenheit liebenden Südländer Oreganum, Rosmarin, Salbei und Thymian. Eher feuchteres Substrat bevorzugen hingegen Gartenkresse, Kerbel, Petersilie, Schnittlauch und Zitronenmelisse.

➤ Neben den gängigen Kräutern entdeckt man auf Gartenmärkten und in spezialisierten Kräutergärtnereien oft eine unglaubliche Sortenvielfalt. So gibt es von Thymian, Salbei, Basilikum und Minze unzählige Sorten, die sowohl optisch als auch geschmacklich eine herrliche Bereicherung sind.

Rotstieliger Mangold ist auch eine tolle Blattschmuckpflanze.

➤ Borretsch, Kapuzinerkresse, Liebstöckel und Minze setzt man besser einzeln in größere Töpfe. Mit ihrem ungestümen Wachstum würden sie andere Arten sonst schnell überwuchern.

Fruchtige Obstparade

Apfel-, Birnen-, Kirsch- oder Nektarinenbäume werden auch in schwachwüchsiger Spalier- oder Säulenform angeboten. Erkundigen Sie sich beim Kauf, ob die Sorten selbstfruchtbar sind oder ob Sie ein zweites Bäumchen als Befruchter in unmittelbarer Nachbarschaft benötigen. Als Hochstämmchen gezogen, lassen sich Johannisbeer- und Stachelbeerstrauch gut mit Monatserdbeeren unterpflanzen. Das bietet gleich doppelten Fruchtgenuss.

Leckeres Gemüse

Verschiedene Salatsorten mit roten, grünen, krausen und glatten Blättern können Topf oder Kasten ungemein schmücken. Wählen Sie so genannte Pflücksalate, die man blattweise erntet und die ständig nachwachsen. Und vergessen Sie nicht, einen Topf mit Rucola (Rauke) zu bestücken. Ein paar Blätter dieser herb-würzigen, löwenzahnähnlichen Art peppen jeden Salat auf.
Vor allem wärmebedürftige Gemüsearten wie Aubergine, Gurke, Paprika und Tomate gedeihen hervorragend im Topf. Bis die Früchte heranreifen und mit ihren appetitlichen Farben die Blicke auf sich ziehen, sorgen nach Bauerngartenmanier Sommerblumen wie Ringelblume, Studentenblume und Kapuzinerkresse für bunte Farbkleckse. Die Blüten und Blätter Letzterer ergeben außerdem eine hübsche, essbare Salatdeko.
Zu den Gemüsearten, die hoch hinaus wollen, gehören Erbse und Bohne. Man muss ihnen von Anfang an eine Kletterhilfe bieten. Wer einen länglichen Kasten als Pflanzgefäß wählt, kann ihn so aufstellen, dass zugleich ein wirksamer Sichtschutz entsteht. ■

Von der Sonne verwöhnt, liefern Kräuter, Salate und Tomaten reiche Ernte.

CHECKLISTE

So gibt's eine reiche Ernte

- ✔ Für mehrjährige Arten großzügiges Pflanzgefäß mit Dränage und bester Erde verwenden.
- ✔ Obstbäumchen in Kübelpflanzenerde pflanzen, Gemüsearten in Balkonblumenerde. Für mediterrane Kräuter die Erde mit einem Drittel Sand auflockern.
- ✔ Zum Düngen möglichst organische Mittel wie reifen Kompost, Hornspäne oder Guano verwenden.

Immer aktuell: Der mediterrane Stil

Die Sehnsucht nach Sommer, Sonne und Meer kann man mit Pflanzen und mediterran inspirierten Accessoires auch zu Hause stillen.

Mit unnachahmlicher Lässigkeit arrangieren unsere südlichen Nachbarn ihre Topfpflanzen zu traumhaften Bildern: Ausgediente Speiseölkanister werden schon mal zu Übertöpfen umfunktioniert, ein durchgesessener Stuhl einfach als Stellfläche für Pflanzen benutzt und Treppenaufgänge mit einer ganzen Reihe von Pelargonien geschmückt. Übernehmen Sie etwas von dieser Leichtigkeit in Ihre Gestaltung, dann kommt auf Balkon oder Terrasse richtige Urlaubsstimmung auf!

Zu den mediterranen Pflanzenarten gehören so stattliche Kübelpflanzen wie Oleander, Olivenbäumchen, Zitrus und Hibiskus. Denken Sie bitte daran, dass sie unbedingt ein helles, frostfreies Winterquartier benötigen! Wer weniger Platz oder keine Überwinterungsmöglichkeit hat, wählt Arten wie Pelargonien, Portulakröschen und Mittagsblumen, deren farbintensive, leuchtende Blüten ebenfalls von warmen Tagen unter südlicher Sonne erzählen.

Damit man es sich inmitten der Pflanzenschätze gemütlich machen kann, bieten sich Korb- oder Eisenmöbel an. Windlichter aus alten Dachpfannen, im letzten Urlaub gesammelte Muscheln und Steine sowie Stoffe im Streifendesign runden das Bild ab. Jetzt noch eine Flasche Rotwein geöffnet, und der Urlaub daheim kann beginnen.

Idyllisches Eckchen: Arrangiert auf einem verwitterten Mäuerchen und rostigen Eisenstühlen, kommt die stattliche Pelargonien-Sammlung wunderbar zur Geltung.

Zitrus-Hochstämmchen geben sich ein Stelldichein, begleitet von Hornklee, Vanilleblume, Echeverie und Bougainvillee.

Mosaiktisch und Korbstühle verbreiten mallorquinisches Flair, während Oleander, Zitrus und Myrte die Pflanzenvielfalt des Südens zitieren.

Farbenprächtige Bougainvillee: Man kennt sie als Blütenstar, der so manche Pergola unter südlicher Sonne schmückt.

Töpfe, Erde & Co.

Mit passenden Töpfen und hochwertigen Substraten schaffen Sie die besten Voraussetzungen dafür, dass Ihre Pflanzen gut anwachsen.
Ein Topf sollte nicht nur ästhetischen Ansprüchen

Tontöpfe gibt es in allen erdenklichen Größen, oft mit Mustern verziert.

genügen, sondern dem Wurzelballen der Pflanze optimale Entfaltungsmöglichkeiten bieten. Darüber hinaus muss er Wasserabzugslöcher besitzen, damit das Gießwasser gut ablaufen kann und keine Staunässe entsteht. Die Erde selbst sollte gut strukturiert sein und genügend Nährstoffe enthalten, um das Pflanzenwachstum anzuregen.

Welches Topfmaterial?

➤ **Tontöpfe** harmonieren dank ihres rot-braunen Farbtons mit jeder Blütenfarbe. Ton ist porös, d. h., ein Teil des Wassers verdunstet über die Gefäßwände, was häufigeres Gießen nötig macht und im Winter leicht zu Frostbruch führen kann. Für im Freien überwinternde Gewächse sollte man deshalb auf dickwandige, bei sehr hohen Temperaturen gebrannte Terrakottaware zurückgreifen.

➤ **Keramiktöpfe** gilt es wegen ihrer meist farbintensiven Glasuren sorgfältig auf die Bepflanzung abzustimmen. Großer Beliebtheit erfreuen sich die aus Asien stammenden Keramiktöpfe in satten Farben wie meerblau, türkis oder dunkelbraun. Sie sind für sich schon eine imposante Erscheinung und in der Regel frosthart.

➤ **Kunststofftöpfe** gibt es als täuschend echte Ton- oder Keramikimitate oder als schlichte Modelle, die ihre industrielle Herkunft nicht verleugnen. Im Unterschied zu Ton sind die Gefäße völlig dicht, sodass weniger Wasser verdunsten kann. Ihr geringes

TIPP

>> vielfältig und schön

Übertöpfe und Untersetzer

➤ Töpfe ohne Wasserabzugslöcher sollte man wegen der Staunässe-Gefahr keinesfalls direkt bepflanzen. In Übertöpfen empfiehlt es sich, alle paar Tage den Wasserstand zu kontrollieren!

➤ Untersetzer fangen überschüssiges Gießwasser auf und schützen damit den Boden vor Wasserflecken. Sie sollten in Material und Form zum Topf passen.

➤ Als sehr praktisch erweisen sich Rolluntersetzer, mit denen auch schwere Pflanzen mobil bleiben.

Eigengewicht erleichtert das Umstellen und Einräumen.

➤ **Holzkübel** bewahren ihre Robustheit, wenn man sie jährlich mit einem pflanzenverträglichen Schutzanstrich versieht und sie gegen Fäulnis von unten auf Holzklötzchen oder Ähnliches stellt.

➤ **Körbe** sollte man vor dem Bepflanzen mit Folie auskleiden, damit sie nicht zu faulen beginnen. Oder man verwendet sie als schmucke Übertöpfe und stellt einen passenden Untersetzer hinein, der überschüssiges Gießwasser auffängt. Feuchtes Wetter halten sie jedoch nicht lange aus.

➤ **Steingefäße** scheinen für die Ewigkeit gemacht und setzen im Lauf der Jahre eine wunderschöne Patina aus Moosen und Flechten an. Wegen ihres Gewichts gibt man ihnen am besten einen dauerhaften Platz.

➤ **Metallgefäße**, insbesondere schlichte Zinktöpfe, sind gerade groß in Mode. Sie kommen bevorzugt als Übertöpfe zum Einsatz.

Qualitäts-Erde

Sparen Sie nicht an der Blumenerde, denn sie hat großen Anteil daran, ob sich die Pflanzen wohl fühlen werden.

> *Wichtige Utensilien: Tonscherben, Dränagematerial und Qualitätserde.*

Als Balkonblumenerde deklarierte Ware ist speziell auf die Bedürfnisse einjähriger Pflanzen zugeschnitten, während Kübelpflanzenerde noch hochwertiger und besonders strukturstabil ist, um den Ansprüchen mehrjähriger Arten gerecht zu werden. Umweltbewusste Hersteller verzichten aus Naturschutzgründen auf die Zugabe von Torf. Ersatzstoffe wie Rindenhumus, Holz- und Kokosfasern übernehmen hier die Wasserspeicherfähigkeit. ■

CHECKLISTE

Besondere Ansprüche

✔ Das kräftige Wurzelwerk von Schmucklilie und Bambus hat schon manchen Topf gesprengt. Wählen Sie für diese Arten besonders massive, dickwandige Gefäße!

✔ Rosen sind ausgesprochene Tiefwurzler und sollten daher einen extra hohen Topf bekommen.

✔ Pflanzen Sie Moorbeetpflanzen wie Heidekraut, Hortensien oder Rhododendren in spezielle Rhododendron-Erde mit saurem pH-Wert.

Eintopfen leicht gemacht

Liegen alle wichtigen Utensilien bereit, wird das Eintopfen mit der richtigen Technik zum Kinderspiel.
Neu erworbene Pflanzen sollte man so bald wie möglich in ihren zukünftigen Topf im Freien umsetzen. Aufpassen heißt es jedoch im Frühjahr, solange noch Spätfröste die zarten Jungpflanzen bedrohen. Aus warmen Ländern stammende Sommer- und Balkonblumen werden vorsichtshalber erst ab Mitte Mai, nach den Eisheiligen, nach draußen gepflanzt.
Für größere Pflanzaktionen lohnt es sich, eine bequeme Arbeitsfläche einzurichten. Mit einem darüber gelegten Wachstuch oder Zeitungspapier kann man den Balkontisch schnell zum Pflanztisch umfunktionieren.

Denken Sie auch beim Bepflanzen einer Blumenampel an die Dränage.

Richtig eintopfen

Selbstverständlich sollten die neu zu bepflanzenden Töpfe sauber und frei von alten Erdresten sein. Kalkausblühungen an Tontöpfen können Sie mit Essigwasser und einer Wurzelbürste entfernen.

➤ Es empfiehlt sich, Tontöpfe vor dem Bepflanzen einen Tag lang in Wasser zu legen. So können sich die Poren mit Wasser vollsaugen und entziehen das wertvolle Nass nicht gleich dem frisch eingesetzten Wurzelballen.

➤ Ein paar Stunden vor dem Umtopfen wässert man die Pflanzen nochmals gründlich. Sie lassen sich dann leichter aus dem Topf lösen, und ihr Wurzelballen bleibt schön kompakt.

➤ Tonscherben über den Wasserabzugslöchern verhindern, dass diese mit Erde verstopfen. Der Handel bietet zu diesem Zweck auch spezielle Gitter an.

➤ Damit überschüssiges Gießwasser keine Staunässe verursachen kann, ist eine Dränage aus gut wasserdurchlässigem Material unersetzlich. Ideal für diesen Zweck sind Blähtonkügelchen oder Tongranulat. Auch Kieselsteine und Splitt eignen sich, machen den Topf allerdings zusätzlich schwer. Je nach Topfgröße sollte die Dränageschicht 2–5 cm hoch sein.

➤ Betten Sie den Wurzelballen in frisches Substrat ein und achten Sie darauf, dass er anschließend genauso tief in der Erde steht wie zuvor im Verkaufstopf.

Wann umtopfen?

Überwinterte Kübelpflanzen, Stauden und Gehölze setzt man am besten im Frühjahr in ein neues Pflanzgefäß um.

➤ Junge Kübelpflanzen und winterharte Gehölze sollten anfangs jährlich einen neuen

1 Topf vorbereiten

Zunächst die Wasserabzugslöcher mit Tonscherben abdecken und darüber einige Zentimeter hoch Tongranulat als Dränageschicht einfüllen.

2 Pflanze einsetzen

Den Topf etwa halb voll mit Erde befüllen. Dann den Wurzelballen der Pflanze mittig einsetzen und rundherum mit Erde auffüllen.

3 Topf angießen

Die Erde behutsam andrücken, sodass ein Gießrand von etwa 2 cm verbleibt. Vorsichtig gießen, damit keine Erde überschwappt.

Topf bekommen, später genügt es, sie alle drei Jahre umzutopfen. Der neue Topf braucht nur wenig größer zu sein als der alte.

➤ Bei älteren Exemplaren lockert man stattdessen mit einer Grabegabel ganz behutsam die oberste Erdschicht, trägt sie ab und füllt mit frischem Substrat auf.

➤ Falls Sie mit der Größe einer Staude zufrieden sind, können Sie ihren Wurzelballen einfach durch Teilung (→ Seite 32/33) verkleinern, sodass er weiterhin im alten Topf wurzeln kann. Das andere Teilstück in einen neuen Topf pflanzen oder an einen Gärtnerfreund verschenken.

Kletterpflanzen aufleiten

Die nach Halt suchenden Triebe junger Kletterpflanzen werden in Töpfen mit dünnen Rankstäben verkauft. Wenn möglich, löst man die Triebe nach dem Eintopfen behutsam von ihrer bisherigen Kletterhilfe ab und bindet sie mit Blumenbindedraht an ihrem neuen Rankgerüst an. Beachten Sie dabei die artspezifische Richtung, in der sich die Triebe bisher um die Stäbe geschlungen haben! Falls sich die Ranken nur sehr schwer lösen lassen, belässt man sie an den ersten Stäben, leitet diese jedoch mit Blumenbindedraht zur neuen Kletterhilfe über. ■

PRAXISINFO

Richtig eintopfen

Zeitbedarf:
10–20 Min. je nach Pflanzen- und Topfgröße

Material:
- ✗ Pflanzen
- ✗ Topf mit Wasserabzugslöchern
- ✗ Tonscherben
- ✗ Dränagematerial wie Blähtonkügelchen, Kieselsteine, Splitt oder Tongranulat
- ✗ Erde

Werkzeug:
- ✗ Handschaufel
- ✗ Gießkanne

>>Kinder-Spezial

Raffinierte Hochstapelei mit Erdbeeren

Mit dieser Pflanzmethode spart ihr euch den Weg zum Erdbeerfeld und könnt die süßen roten Früchte direkt vor der Haustür ernten!

Für den Aufbau des Erdbeerturms braucht ihr ganz einfache Tontöpfe in verschiedenen Größen. Am besten probiert man beim Einkauf aus, welche Topfgrößen sich so stapeln lassen, dass der verbleibende Zwischenraum genügend Platz für die Erdbeerstauden bietet. Eine ganz persönliche Note bekommt der Pflanzturm, wenn ihr die Töpfe vor dem Bepflanzen mit wasserfesten Farben bemalt.

Beim Kauf der Erdbeerstauden empfiehlt es sich, so genannte Monatserdbeeren zu wählen, die den ganzen Sommer hindurch blühen und fruchten. Als Substrat eignet sich handelsübliche Blumenerde. Vergesst aber nicht, vor dem Einfüllen der Erde die Töpfe mit einer wasserdurchlässigen Schicht, etwa aus Blähtonkügelchen, auszulegen (→ Seite 22/23). Pro Ebene passen 2–4 Pflanzen in die Erde. Werden sie etagenweise versetzt gepflanzt, bekommt jede Staude genügend Licht ab: Erdbeeren schmecken nämlich sonnengereift besonders süß. Außerdem wollen die Pflanzen regelmäßig gegossen und einmal monatlich gedüngt werden. Im Herbst in ein frostfreies Winterquartier bringen.

PRAXISINFO

Aufbau eines Erdbeerturms

Zeitbedarf:
Bemalen: je nach Muster 1–2 Std.
Bepflanzen: ca. 1 Std.

Material:

- 3–4 Tontöpfe in abgestuften Größen
- wasserfeste Farben zum Bemalen
- Tonscherben und Blähtonkügelchen für die Dränageschicht
- Balkonpflanzenerde
- ca. 10 Erdbeerstauden

Werkzeug:

- Pinsel zum Bemalen
- Handschaufel
- Gießkanne

Töpfe bemalen

Zeichnet die Konturen der gewünschten Motive zuvor mit einem Bleistift auf. Aufwendige Muster lohnen sich jedoch nur für den Topfrand oder das unterste Pflanzgefäß, da die kleineren Töpfe sowieso zur Hälfte in der Erde verschwinden.

Bunt bemalen

1

Beim Verzieren der breiten Topfränder ist eure Fantasie gefragt. Diese hier bekommen ein wunderschönes Muster mit wasserfester Farbe aufgepinselt.

2

Geschickt stapeln

Befüllt den untersten Topf etwa zur Hälfte mit Erde und setzt den nächstgrößeren Topf in dessen Mitte. Auf diese Weise nach und nach den Turm aufbauen.

Etagenweise pflanzen

3

Löst die Erdbeerpflanzen vorsichtig aus ihrem Anzuchttopf und setzt sie in die Zwischenräume. Gut festdrücken, mit Erde auffüllen und angießen.

Gießen und düngen

Erst Wasser und Nährstoffe in ausreichender Menge ermöglichen das Wachsen und Gedeihen der Pflanzen. Bedingt durch den engen Wurzelraum, sind Topfpflanzen noch stärker auf regelmäßiges Gießen und Düngen angewiesen als Beetpflanzen.

Vermeiden Sie beim Gießen, die Blätter und Blüten zu benetzen.

Überlebenselixier Wasser

Am besten vertragen Pflanzen weiches Regenwasser, das im Unterschied zum Leitungswasser vielerorts einen niedrigen Kalkgehalt aufweist.

➤ Wenn möglich, sollten Sie das kostbare Nass in einer Regentonne auffangen.

➤ Kalkempfindliche Arten wie Citrus, Hortensie, Myrtengewächse und Rhododendren ausschließlich mit Regenwasser oder entkalktem Wasser gießen. Der Handel bietet dazu Wasseraufbereiter mit Filterpatronen an.

➤ Damit die Pflanzen an heißen Tagen keinen Temperaturschock erleiden, füllt man das Wasser bereits am Tag zuvor in Gießkannen oder in einen Vorratsbehälter ab.

➤ Praktische Hilfe für Besitzer üppig bepflanzter Balkone und Dachterrassen: Ein Gartenschlauch, den man mit dem passenden Adapter an den Wasserhahn in Küche oder Badezimmer anschließen kann.

Wann und wie gießen?

Bis man die jeweiligen Bedürfnisse seiner Schützlinge genauer kennt, sollte man vor jedem Gießen mit dem Finger überprüfen, ob die oberste Erdschicht (1–3 cm tief) wirklich trocken ist.

➤ Gießen Sie im Sommer am frühen Morgen oder abends, wenn das Wasser nicht so schnell verdunstet.

➤ Achten Sie darauf, dass Untersetzer oder Übertopf nicht stundenlang voll Wasser stehen. Ausnahme: der durstige Oleander (→ Seite 43).

➤ Immer von unten direkt auf die Erde gießen, damit Blätter und Blüten möglichst

>>vielfältig und schön

TIPP

Automatische Bewässerung

Das Prinzip: Sensoren, meist Tonkegel, werden in die Erde gesteckt und registrieren den Feuchtigkeitsgehalt der Erde. Sie sind untereinander und über Schläuche mit der Wasserquelle verbunden. Bei Bedarf tropft die benötigte Wassermenge nach. Der Vorteil: Sie müssen nicht täglich gießen.

nicht nass werden. Das beugt Pilzerkrankungen vor (und spart nebenbei Wasser).

➤ Lieber seltener, dafür aber durchdringend gießen, damit das Nass wirklich alle Wurzeln des Ballens erreicht.

➤ Erste Hilfe-Maßnahme, falls der Topfballen mal völlig ausgetrocknet ist: Tauchen Sie ihn komplett in einen Wassereimer, bis keine Luftblasen mehr aufsteigen.

Wann und wie düngen?

Etwa 4–6 Wochen nach dem Pflanztermin ist die erste Nachdüngung fällig.

➤ **Mineraldünger** enthalten eine ausgewogene Mischung der wichtigsten Pflanzennährstoffe, die den Pflanzen sofort zur Verfügung stehen. Andererseits können bei Überdosierung leicht Wurzelschäden auftreten. Beachten Sie deshalb unbedingt die Dosierungsempfehlungen auf der Verpackung!

➤ **Organische Dünger** geben ihre Bestandteile nach und nach an den Boden ab.

➤ **Organisch-mineralische Dünger** sind eine Mischung aus beiden Formen.

Alle Düngerarten gibt es sowohl in flüssiger als auch in fester Form. Flüssigdünger werden während der Hauptblütezeit etwa alle zwei Wochen dem Gießwasser zugesetzt. Feste Formen kann man bereits bei der Pflanzung unter die Erde mischen. Besonders praktisch sind so genannte Langzeit- oder Depotdünger. Sie werden z. B. als Stäbchen, Kegel oder Drops angeboten, die man einfach in die Erde steckt. Ihre Wirkdauer beträgt je nach Produkt 4–6 Monate, sodass ein weiteres Nachdüngen oft nicht mehr nötig ist. ■

Verwenden Sie den Dosierbecher, um eine Überdüngung zu vermeiden.

PRAXISINFO

Kleines Dünger-ABC

- ✗ Dünger niemals auf den trockenen Ballen ausbringen: So schützen Sie die Wurzeln vor Salzschäden. Blätter und Blüten sollten nicht mit Dünger in Berührung kommen.
- ✗ Ausdauernde Arten sollten im August das letzte Mal gedüngt werden, damit ihre Triebe vor der Überwinterung gut ausreifen können.
- ✗ Kalkempfindliche Myrtengewächse und Rhododendren sowie Hortensien und Zitruspflanzen sollte man mit salzarmen Spezialdüngern versorgen.

Ausputzen und schneiden

Der passende Schnitt zur rechten Zeit fördert die Nachblüte und bewahrt die Form und Vitalität Ihrer Topfpflanze.

Zu den wichtigsten Werkzeugen des Topfgärtners gehört eine gute Gartenschere. Sie kommt immer dann zum Einsatz, wenn es gilt, verwelkte Blüten und Blätter zu entfernen, erkrankte oder abgestorbene Triebe auszuschneiden oder der Pflanze wieder eine ansprechende Form zu geben.

Mehr als Kosmetik

Das regelmäßige Entfernen von Verwelktem und Verblühtem erhält die Gesundheit und Vitalität der Pflanzen.

➤ Nach der Blüte setzt naturgemäß die Samenbildung ein, die der Pflanze ihr Fortbestehen sichert. Für diesen Vorgang benötigt sie sehr viel Energie, die zu Lasten neuer Blütenbildung geht. Wird Verblühtes also rechtzeitig entfernt, ist das insbesondere für die Dauerblüher ein Signal, neue Knospen und Blüten hervorzubringen.

➤ Verwelkte Blätter können auf Krankheiten oder Schädlinge hinweisen oder ein Entstehungsherd für Pilzinfektionen sein. Deshalb umgehend abschneiden und für eine Frühdiagnose (→ Seite 30/31) genauer ansehen.

Blüten entfernen

Bei Sommerblumen, öfterblühenden Rosen und vielen Stauden entfernt man immer wieder einzelne verwelkte

1 Ausputzen

Verwelkte Pelargonienblüten und -blätter lassen sich mitsamt ihrem Stiel ganz einfach entgegen ihrer Wuchsrichtung abbrechen.

2 Rückschnitt

Lässt der erste Flor der Strauchmargeriten merklich nach, schneidet man sämtliche Triebe um etwa ein Drittel zurück.

3 Formschnitt

Mindestens einmal im Jahr (im Mai und/oder September) greift man zur Heckenschere, um die perfekte Form der Buchskugel zu erhalten.

Die Hochstämmchenkrone wird im Frühjahr und Herbst geschnitten.

Blüten. Je nach Pflanzenart kommen verschiedene Techniken zum Einsatz:

➤ Die Blüten von Pelargonien und Taglilien lassen sich ganz bequem ausbrechen.

➤ Weiche Blütentriebe kann man mit den Fingernägeln abknipsen. Bei manchen Arten wie Petunien, Ziertabak und Gauklerblumen ist man versucht, nur die welken Blütenblätter abzuzupfen. Besser ist es jedoch, den ganzen Blütenstand zu entfernen, damit keine Samenbildung einsetzen kann.

➤ Feste Blütenstiele wie die von Schmuckkörbchen oder Islandmohn schneidet man möglichst bodennah zurück.

Rückschnitt

➤ Häufig lässt im Juli bei buschig wachsenden Sommerblühern der erste Flor merklich nach. Arten wie Duftsteinrich, Elfensporn, Männertreu, Petunie und Strauchmargerite sollte man dann zur Förderung der Nachblüte um etwa ein Drittel ihrer ursprünglichen Trieblänge zurückschneiden.

➤ Einige Stauden wie Rittersporn und Salbei blühen ein zweites Mal, wenn man ihre Triebe nach der Hauptblüte etwa eine Handbreit über dem Boden abschneidet. Bei Frauenmantel und Katzenminze genügt es, nur die Blütentriebe stark zu kürzen.

➤ Frühlingsblühende Polsterstauden wie Blaukissen und Schleifenblume sowie Lavendel schneidet man nach der Blüte um die Hälfte zurück, denn so behalten sie ihre kompakte Form.

➤ Bei Zwiebelblumen entfernt man Verblühtes bodennah, lässt die Blätter aber noch stehen, bis sie ganz verwelkt sind.

Akkurater Formschnitt

Kleinblättrige Immergrüne wie Brautmyrte, Buchsbaum, Eibe und Liguster können zu geometrischen oder Fantasieformen geschnitten werden. Wer kein so gutes Augenmaß hat, fertigt sich aus Holzstäben und Draht oder aus Karton eine Schablone der gewünschten Form an. Die exakten Konturen arbeitet man am besten mit einer Heckenschere heraus. Je nachdem, wie üppig der Nachwuchs ausfällt, wird zwischen Mitte Mai und Ende August ein- bis dreimal geschnitten. ■

PRAXISINFO

Ausputzen und schneiden

Zeitbedarf:
für das Ausputzen:
2–5 Min. pro Pflanze
für den Rückschnitt:
5–10 Min. pro Pflanze
für den Formschnitt:
15–30 Min., je nach Form

Material:
- ✗ Körbchen zum Sammeln der abgeschnittenen Pflanzenteile
- ✗ für den Formschnitt evtl. Schablone aus Draht und Karton

Werkzeug:
- ✗ Gartenschere
- ✗ Heckenschere für den Formschnitt

Gesundheits-Check

Vorbeugen ist besser als heilen: Wer Schädlinge und Krankheiten rechtzeitig erkennt, wird sie auch am schnellsten wieder los.

Die Kultur von Topfpflanzen hat den Vorteil, dass man jede einzelne Pflanze besser unter Kontrolle hat. Treten an einem Exemplar Krankheiten oder Schädlinge auf, kann man es problemlos von benachbarten Töpfen wegrücken und erst einmal gesund pflegen. Hierbei sollte man zunächst schonende, umweltfreundliche Mittel anwenden, bevor man zur chemischen Keule greift.

Mit einer Sprühflasche kann man Bekämpfungsmittel gezielt auftragen.

Die häufigsten Schädlinge

➤ **Blattläuse:** Die grünen, schwarzen oder gelben Tierchen sitzen meist in dichten Kolonien an jungen Blättern und Knospen, aber auch an Blüten. **Abhilfe:** Blattlaus-Kolonien mit einem Küchentuch abstreifen. Handelsübliche Mittel auf Seifenbasis sprühen. Ein altes Hausmittel zum Sprühen ist mit Spülmittel versetztes Wasser. Bei Rosen und anderen verholzenden Arten haben sich Blattlausfrei-Pflaster bewährt, die man an die Basis der Haupttriebe klebt.

➤ **Spinnmilben:** Kleine rote Spinnentiere, die bevorzugt an den Blattunterseiten saugen und dort ein feines Gespinst bilden. Treten vermehrt bei trockener Luft auf. **Abhilfe:** Pflanzen mit nützlingschonendem Präparat gegen saugende Insekten übersprühen. Danach Pflanze drei Tage lang in eine durchsichtige Plastiktüte hüllen, das erhöht die Luftfeuchtigkeit und bringt die restlichen Schädlinge zum Absterben.

➤ **Dickmaulrüssler:** Nachtaktive, graue, etwa 1 cm lange Käfer, die an den Blättern buchtenförmige Fraßspuren hinterlassen. **Abhilfe:** Käfer abends mit einer Taschenlampe suchen und absammeln. Gegen ihre Larven, die in der Topferde leben, kann

>> vielfältig und schön

SPARTIPP

Selbst gemachte Brennnesseljauche

1 kg Brennesseln zerkleinern und mit 10 l kaltem Wasser übergießen. Eimer in die Sonne stellen und täglich gut umrühren. Nach 1–3 Wochen abseihen. Als Stärkungsmittel im Verhältnis 1:10 dem Gießwasser zusetzen. Bei Pilzkrankheiten, Blattläusen und Spinnmilben 1:20 verdünnen und spritzen.

Echter Mehltau bildet einen weißen Pilzrasen auf der Blattoberfläche.

man Nematoden als Nützlinge einsetzen (Fachhandel, → Adressen Seite 61).

➤ **Ameisen:** Werden meist durch Blattläuse angelockt oder verschleppen diese Schädlinge selbst auf junge Triebspitzen, um sie »melken« zu können. Lästig wird es, wenn sie ihr Nest in die Topferde bauen. **Abhilfe:** Topf in Wassereimer stellen, bis die Ameisen ertrunken sind.

➤ **Weiße Fliege:** Tritt vor allem im Winterquartier massenhaft auf. Die geflügelten Insekten sitzen meist an den Blattunterseiten und fliegen bei Störungen auf. **Abhilfe:** Gelbtafeln (= Lockfallen) aufhängen oder in die Erde stecken. Pflanzen im Freien luftiger aufstellen.

➤ **Woll- und Schildläuse:** Saugende Schädlinge, die unter weißem, watteähnlichem Überzug bzw. derben Schilden stecken. **Abhilfe:** Bekämpfung nur mit ölhaltigen Präparaten erfolgreich.

Die häufigsten Krankheiten

Vor allem verschiedene Pilzerkrankungen sind es, die den Pflanzen das Leben schwer machen können. Vorbeugend sollten Sie für einen luftigen Stand sorgen, Überdüngung vermeiden (die zu schwachen, krankheitsanfälligen Trieben führt) und Verwelktes regelmäßig absammeln.

➤ **Mehltau:** Weiße bis graue, mehlig wirkende Beläge auf den Blättern. Man unterscheidet zwischen **Echtem Mehltau**, der sich vor allem bei trockener, heißer Witterung auf den Blattoberseiten bildet, und **Falschem Mehltau**, dessen Ausbreitung wiederum von feuchtem, kühlem Wetter begünstigt wird. Er befällt fast ausschließlich die Blattunterseiten.

➤ **Grauschimmel:** Schwächeparasit, der zunächst braune, faulige Beläge und später den typisch grauen Schimmelrasen bildet.

➤ **Rost:** Rötliche oder gelbliche Pusteln an den Blattunterseiten, die nach einiger Zeit aufplatzen. Blätter verfärben sich rostrot und sterben ab.

Die beste **Abhilfe** für alle genannten Erkrankungen: Befallene Pflanzenteile umgehend abschneiden und vernichten, nicht in den Kompost geben! Schere danach vorsichtshalber desinfizieren. ■

PRAXISINFO

Pflegefehler erkennen

✗ **Eisenchlorose:** Blätter von Hortensie, Rhododendron oder Zitrus färben sich aufgrund von Eisenmangel gelb, die Blattadern bleiben grün. **Abhilfe:** In Moorbeeterde umtopfen und mit entkalktem Wasser gießen.

✗ **Korkwucherungen:** Bräunliche, korkähnliche Flecken auf der Blattunterseite von Pelargonien oder Kamelien. Hinweis auf stark schwankende Wasserversorgung. **Abhilfe:** Regelmäßig und nicht zu viel gießen.

Nachwuchs sichern

Topfpflanzen aus eigener Anzucht vermitteln ein ganz besonderes Erfolgserlebnis. Je nach Art bieten sich verschiedene Anzuchtmethoden an. Während sich viele Sommer- und Balkonblumen ganz einfach aus Samen ziehen lassen, ist bei Kübelpflanzen und Gehölzen eine Vermehrung durch Stecklinge erfolgversprechender. Viele Stauden und Zwiebelblumen wiederum kann man ganz einfach durch Teilung vermehren.

Den Wurzelballen eines Frauenmantels teilt man mit dem Spatenblatt.

Vom Samenkorn zur Pflanze

Mit etwas Geduld und dem richtigen Handwerkszeug macht die Kosten sparende Anzucht richtig Spaß.

➤ Für eine frühe Blüte werden die Samen bereits im Februar oder März ausgesät. Als »Kinderstube« eignet sich eine breite Fensterbank.

➤ Anzuchtschalen gibt es fix und fertig im Handel. Auf nährstoffarmer Anzuchterde werden gleichmäßig die Samen ausgebracht, leicht mit Erde bedeckt und sanft mit einem Holzbrett angedrückt. Dann mit einem Wasserzerstäuber gründlich befeuchten und mit der Haube abdecken.

➤ Aussaat gleichmäßig feucht halten und mit untergelegten Styroporplatten vor Bodenkälte schützen. Sobald sich nach 1–4 Wochen die ersten Keimlinge zeigen, nimmt man die Abdeckung zunächst stundenweise, später ganz ab.

➤ Wenn sich über den Keimblättern die ersten Laubblätter bilden, werden die Sämlinge pikiert. Dazu hebt man sie an der Wurzel mit Hilfe eines Pikierstabes vorsichtig aus der Erde und setzt sie einzeln in Töpfe mit Anzuchterde.

➤ Bis zum Auspflanztermin im Mai hält man die Jungpflanzen gleichmäßig feucht.

➤ Die Vorkultur kann bei folgenden Arten entfallen: Duftsteinrich, Duftwicke, Elfenspiegel, Kapuzinerkresse, Kornblume, Ringelblume, Sonnenblume und Spanisches Gänseblümchen. Sie werden Ende April/Anfang Mai direkt in ihre Pflanzgefäße gesät.

Teilung des Wurzelballens

Der ausdauernde Wurzelballen der meisten Stauden lässt sich ohne großen Aufwand in einzelne Stücke zerteilen. Diese Maßnahme liefert nicht nur Nachwuchs, sondern wirkt wie ein Jungbrunnen auf die Pflanze, die danach mit neuer Energie austreibt.

➤ Der beste Zeitpunkt zur Teilung ist das Frühjahr kurz nach beginnendem Austrieb, oder der Herbst, wenn man die oberirdischen Pflanzenteile zurückgeschnitten hat.

1 Steckling schneiden

Mit der Gartenschere oder einem scharfen Messer schneidet man die 10–15 cm lange Spitze eines vitalen, nicht blühenden Triebes ab.

2 Steckling eintopfen

Nach dem Enfernen der untersten Blätter steckt man das Triebstück bis zum nächsten Blattansatz in einen Topf mit Anzuchterde.

3 Folie überziehen

Erde gut andrücken und Steckling vorsichtig gießen. Eine Folienhaube erhöht die Luftfeuchtigkeit und verbessert das Anwurzeln.

➤ Nehmen Sie mit der Handschaufel den Ballen aus dem Topf und schütteln Sie alle anhaftende Erde ab.

➤ Je nach Festigkeit des Ballens lässt er sich mit den Händen in mehrere Teilstücke zupfen, oder man legt ihn auf den Boden und teilt ihn mit einem Spaten.

➤ Teilstücke danach umgehend wieder eintopfen.

Stecklinge: Aus klein wird groß

Die Methode, aus kleinen Teilstücken der Pflanze Nachwuchs zu ziehen, wendet man vor allem bei ausdauernden Arten wie Kübelpflanzen, Stauden und Gehölzen an. Ebenso wichtig wie das fachgerechte Schneiden und Eintopfen der Teilstücke (→ Abb. Seite 33) ist deren weitere sorgsame Pflege:

➤ Achten Sie vor allem bei selbst gebastelten Abdeckungen darauf, dass die Plastikfolie oder -tüte die Blätter nicht berührt. Hilfreich sind dabei in die Erde gesteckte Holzstäbchen oder Drahtbügel als Abstandshalter. Bei jedem Gießen lässt man die Abdeckung zum Lüften etwa eine halbe Stunde lang offen stehen.

➤ Nach 4–6 Wochen sollten sich Wurzeln ausgebildet haben und der Steckling neue Blätter austreiben. Dann kann man die Abdeckung ganz weglassen. ■

PRAXISINFO

Stecklingsvermehrung

Zeitbedarf:
pro Steckling ca. 5–10 Min.

Material:
- ✗ Anzuchterde
- ✗ Töpfe
- ✗ spezielle Abdeckhauben oder selbst gemachte Abdeckungen aus durchsichtiger Plastiktüte, Holzstäbchen, Drahtbügeln und Schnur

Werkzeug:
- ✗ Gartenschere oder scharfes Messer

Einladung zur Terrassenparty

Die Terrasse und der Übergangsbereich zum Garten bieten ein ganz besonderes Ambiente für eine Party im kleinen Kreis.

Nirgendwo lässt es sich so schön feiern wie unter freiem Himmel, vor allem wenn Topfpflanzen dem Sitzplatz einen blühenden Rahmen geben. Falls Sie einige größere Exemplare zur Seite räumen müssen, bieten sich praktische Rolluntersetzer aus Holz, Kunststoff oder Metall an. Brauchen mehr Personen einen Sitzplatz, als Ihre Gartenmöbel hergeben, ist eine Biergartengarnitur die ideale Ergänzung. Die klappbaren Holzbänke und -tische werden während der Sommermonate meist zu einem niedrigen Preis verkauft oder können oft sogar bei Getränkemärkten ausgeliehen werden. Glücklich schätzen können sich die Besitzer einer niedrigen Terrassenmauer, oder wenn Sie Treppenstufen zum Garten haben: Mit weichen Kissen belegt, werden sie im Nu zur zusätzlichen Sitzgelegenheit. Als besondere Überraschung für Ihre Gäste können Sie der Party ein Motto geben, das sich dann in einigen ausgewählten Pflanzen wiederfindet. Zur »Italienischen Nacht« passen eine kleine Topftomate und Basilikum-Töpfchen als Tischschmuck, zur »Mexikanischen Fiesta« setzt man verschiedenfarbige Fleißige Lieschen in kunterbunte Töpfe, oder man arrangiert zum »Bayerischen Biergartenbesuch« weiß- und blaublühende Pflanzen in einer Schale.

Luftiger Sonnenschutz: Errichten Sie aus Bambusstäben ein Gestell, an dem Sie dünne Stoffschals befestigen können.

Eine Fruchtbowle ist genau der richtige Aperitif für die Sommerparty. Präsentieren Sie sie auf einem Extra-Klapptisch, dann kann sich jeder Gast selbst bedienen.

In der Abenddämmerung werden die Kerzen angezündet. Sie zaubern eine festliche und romantische Stimmung.

Weiche Kissen machen aus den Treppenstufen zur Terrasse eine originelle Sitzgelegenheit.

Vorbereitungen auf den Winter

Umsichtige Vorkehrungen sorgen dafür, dass alle ausdauernden Arten gut gewappnet ihre Winterruhe antreten können.
Mehrjährige Topfpflanzen lassen sich, abhängig von ihrer Frostempfindlichkeit, entweder drinnen oder draußen überwintern.

Allgemeine Arbeiten

Sommerblumen und schwierig zu überwinternde Balkonpflanzen schneidet man am Saisonende komplett zurück. Mehrjährige Arten hingegen bedürfen jetzt Ihrer ganz besonderen Aufmerksamkeit:

➤ Düngung einstellen: Bereits Mitte August sollte man ausdauernde Arten zum letzten Mal düngen. So ist gewährleistet, dass sie kurz vor Winterbeginn nicht nochmals neu austreiben und unausgereift in die kalte Jahreszeit gehen müssen (→ Seite 26/27).

➤ Rückschnitt: **Stauden**, deren oberirdische Teile komplett einziehen, schneidet man knapp über der Erde ab. Bei wintergrünen Arten wie Bergenie oder Purpurglöckchen lässt man die Blätter als willkommene Farbtupfer stehen. Gleiches gilt auch für robuste **Gräser**, deren Halme und Fruchtstände selbst im vertrockneten Zustand noch hübsch anzusehen sind. Große, sperrige **Kübelpflanzen** schneidet man am besten vor dem Umzug ins Winterquartier zurück. Dies erleichtert den Transport und spart Platz. So wird geschnitten: Entfernen Sie alle abgestorbenen, ungünstig stehenden und zu dünnen Triebe direkt am Ansatz. Anschließend kürzt man die verbleibenden Triebe so weit, dass wieder ein harmonisches Wuchsbild entsteht. Achten Sie darauf, den Schnitt immer wenige Millimeter über einer Knospe anzusetzen! Bei winterharten **Gehölzen** wie Rosen oder Obstbäumchen wartet man mit dem Schnitt bis zum nächsten Frühjahr.

Mit dem Tragegurt lassen sich große Kübel zu zweit gut tragen.

>> vielfältig und schön

TIPP

Überwinterung beim Profi

Wenn Sie besonders wertvolle Kübelpflanzen besitzen, können Sie sie auch einer Gärtnerei mit Überwinterungsservice anvertrauen. Diese Dienstleistung, die immer mehr Gärtnereien anbieten, ist zwar nicht ganz billig – doch dafür wissen Sie Ihre Pflanzen in guten Händen und sparen sich selbst die Winterpflege.

Ein alter Flickenteppich wird zum wärmenden Topf-Wintermantel.

➤ Schädlingskontrolle: Infizierte Exemplare müssen umgehend behandelt und von den anderen Töpfen isoliert werden, damit keine Ansteckung erfolgt. Wichtig ist auch, dass Sie abgestorbene und verwelkte Pflanzenteile baldmöglichst entfernen sowie alle heruntergefallenen Blätter aufsammeln. Schädlinge und Pilze finden so keine Angriffsfläche.

Überwinterung im Freien

Im Garten völlig frostharte Stauden und Gehölze können den Winter selbstverständlich auch als Topfpflanzen im Freien verbringen. Damit es keine Ausfälle gibt, sollte man jedoch einige Vorkehrungen treffen:

➤ Stellen Sie die Töpfe in einer sonnen- und windgeschützten Ecke zusammen (→ Seite 38/39).

➤ Als Schutz vor Bodenkälte kann man einfache Styroporplatten unterlegen.

➤ Große Töpfe wickelt man am besten einzeln in Noppenfolie, Sackleinen oder eine alte Decke ein.

➤ Auf kleine Holzwürfel gestellt, können Töpfe mit Immergrünen bedenkenlos gegossen werden, ohne dass sie am Boden festfrieren.

➤ Kleinere Töpfe rückt man eng zusammen und polstert die Zwischenräume mit Holzwolle oder Stroh aus. Außen herum wickelt man Noppenfolie, Sackleinen oder eine alte Decke.

➤ Tannenreisig als Abdeckung bietet zusätzlichen Schutz vor schädlichen Temperaturschwankungen. Rosen bedeckt man zuvor etwa 15–20 cm hoch mit Erde (= Anhäufeln), damit ihre empfindliche Veredelungsstelle besonders geschützt ist.

Überwinterung im Haus

Aus winterwarmen Regionen stammende Kübelpflanzen müssen frostfrei überwintert werden. Die meisten Arten bevorzugen 5–10 °C und brauchen Tageslicht.

➤ Sobald die Temperaturen draußen unter 5 °C sinken, steht der Umzug an.

➤ Für den Transport größerer Pflanzen nimmt man am besten eine Sackkarre oder spezielle Tragegurte zu Hilfe.

➤ Geeignete Winterquartiere sind: helle Kellerräume, Garagen, Treppenflure. ■

PRAXISINFO

So kann der Winter kommen

- ✗ Je wärmer das Winterquartier ist, umso heller muss es sein.
- ✗ Arten, die ihr Laub abwerfen, können auch dunkel, bei Temperaturen zwischen 0 und 5 °C, überwintert werden: Feige, Granatapfel, Kreppmyrte.
- ✗ Helle 0–5 °C vertragen: Gewürzrinde, Myrte, Sternjasmin, Wollmispel, Zylinderputzer.
- ✗ 10–15 °C im hellen Quartier tolerieren auf Dauer: Bleiwurz, Enzianstrauch, Hibiskus, Wandelröschen.

Pflege im Winter

Schenkt man ihnen ein wenig Aufmerksamkeit, kommen Topfpflanzen gut durch den Winter und starten erholt in die neue Saison. Zugegeben, in der kalten Jahreszeit sind die nötigen Pflegearbeiten im Vergleich zu den Sommermonaten auf ein Minimum reduziert. Umso wichtiger ist es, dass man die Topfpflanzen draußen und im Winterquartier nicht völlig vergisst. Als Gedankenstütze bietet es sich an, einen bestimmten Wochentag als regelmäßigen Pflegetermin festzulegen.

Pflege im Freien

➤ Winterschutz überprüfen: Nach heftigen Stürmen oder Dauerregen kann es schon mal vorkommen, dass ein Topf umgefallen oder ein Ballenschutz verrutscht ist.

Immergrüne wie dieses Buchsbäumchen müssen während der Wintermonate regelmäßig gegossen werden.

Um zu verhindern, dass Feuchtigkeit unter die Winterschutzabdeckung eindringt, sollten Sie den Schaden möglichst umgehend beheben.

➤ Schnee abschütteln: Die Zweige von Immergrünen, die nicht durch eine Loggia oder ein Vordach vor Schnee geschützt sind, können unter der weißen Pracht abbrechen. Um dem vorzubeugen, schüttelt man große Schneemengen besser rechtzeitig ab.

➤ Immergrüne gießen: Da sie ihre Blätter oder Nadeln behalten, verdunsten Immergrüne auch während der kalten Jahreszeit laufend Wasser, das sie über die Wurzeln wieder aufnehmen müssen. Gießen Sie nach Bedarf, solange der Wurzelballen nicht ganz durchgefroren ist.

➤ Schutz vor Frosttrocknis: Aufheizendes Sonnenlicht und eisig kalte Temperaturen – diese Kombination macht draußen überwinternden Gehölzen das Leben besonders schwer. Während starkes Sonnenlicht die Verdunstung ankurbelt, können

Wo es keinen Schatten gibt, schützt eine Schilfrohrmatte die Zweige von Gehölzen vor der austrocknenden Wintersonne.

die Wurzeln aus dem gefrorenen Substrat kein Wasser aufnehmen. Als Folge davon vertrocknen die Zweige. Abhilfe bringt hier eine Sonnenschutzabdeckung aus luftdurchlässigen Schilfrohrmatten oder Jutegewebe. Diese kann bei blattlosen Winterzweigen wie Rosen oder Obstbäumchen bleiben, bei Immergrünen sollte man sie nach Beendigung der Frostperiode wieder entfernen.

Pflege im Winterquartier

➤ Temperaturkontrolle: Dafür leistet ein Thermometer mit Minimum- und Maximum-Anzeige gute Dienste. Gegebenenfalls müssen Sie durch Heizen oder Drosseln der Wärmequelle das Temperaturoptimum für die Pflanzen neu einstellen.

➤ Mäßig gießen: Bevor Sie bei Ihrem wöchentlichen Rundgang zur Gießkanne greifen, sollten Sie den Wasserbedarf jeder einzelnen Pflanze mittels Fingerprobe überprüfen.

➤ Nicht düngen: Bis zum Frühjahr befinden sich die Pflanzen in ihrer Ruhephase.

➤ Regelmäßig lüften: Das erhöht die Luftfeuchtigkeit und mindert die Schädlingsanfälligkeit. Aber Vorsicht bei Frostwetter: Pflanzen, die in unmittelbarer Nähe des Fensters stehen, bekommen leicht einen Kälteschaden ab.

➤ Gesundheits-Check: Auf Schädlinge und Krankheiten achten, damit man sofort die geeigneten Gegenmaßnahmen ergreifen kann.

➤ Geiltriebe entfernen: Bei zu warmem und zu dunklem Standort neigen manche Arten wie Pelargonien dazu, helle, übermäßig lange und dünne so genannte Geiltriebe zu bilden. Da sie der Pflanze nichts nützen, schneidet man sie zurück. Um der erneuten Bildung dieser Triebe vorzubeugen, sollten Sie den Topf danach an einen helleren Platz stellen. ■

PRAXISINFO

Nach der Winterruhe

Ab Februar/März setzt bei Kübelpflanzen das Wachstum wieder ein.

- ✗ Die Temperatur auf ca. 15 °C erhöhen und die Pflanzen möglichst heller stellen.
- ✗ Gießmenge schrittweise erhöhen.
- ✗ Bleiwurz, Enzianstrauch und Kreppmyrte vor dem Neuaustrieb um ein Drittel zurückschneiden, falls nicht schon im Herbst geschehen.
- ✗ Bei Bedarf ab April umtopfen (→ Seite 22/23).
- ✗ Je nach Art im April oder Mai mit dem Abhärten beginnen und Kübelpflanzen zunächst tagsüber schattig im Freien aufstellen.

Pflanzenporträts

Strahlende Sonnenstars

Wer ihre geballte Blütenkraft genießen möchte, sollte den Sonnenanbetern einen vollsonnigen Platz in exponierter Lage einräumen. Haben Sie jedoch ein besonderes Augenmerk auf den Wasserbedarf Ihrer Schützlinge, denn an heißen Tagen kann viel von dem kostbaren Nass durch Verdunstung verloren gehen! Auf Liebhaber des mediterranen Stils wartet eine reiche Artenauswahl: Ein prächtiger Oleander erinnert an den letzten Italien-Urlaub, und im warmen Sonnenlicht entfalten Lavendel, Rosmarin und Thymian ihre würzigen ätherischen Düfte. Viele Balkonblumen-Klassiker wie Geranie (Pelargonie) und Petunie blühen auf der Südseite die ganze Saison durch. Zu den beliebtesten Kübelpflanzen gehört die Strauchmargerite, deren unzählige Körbchenblüten mit jeder Stilrichtung harmonieren. Auch prächtige Beetpflanzen wie die Dahlie machen im Topf eine gute Figur.

Dahlie

Dahlia-Hybriden

Höhe: 20–140 cm
Blütezeit: Juli–Oktober
Zwiebelblume

➤ **leuchtende Blütenfarben**

Blüten: einfach, halbgefüllt oder gefüllt in nahezu allen Farbtönen; auch mehrfarbig
Wuchs: aufrecht; leicht verzweigt bis buschig; niedrige Sorten bevorzugen
Pflege: Knollen ab April vortreiben, aber erst ab Mai nach draußen stellen; alle 2 Wochen düngen; hohe Sorten stützen; Verblühtes ausputzen
Überwinterung: Knollen dunkel und trocken lagern
Gestaltung: Sorten einzeln in Töpfe pflanzen; schön zu Astern und Sonnenhut

Lavendel

Lavandula angustifolia

Höhe: 30–50 cm
Blütezeit: Juni–August
immergrüner Halbstrauch

➤ **würziger Duftspender** ✿

Blüten: kurze Blütenähren in Blauviolett, Weiß oder Rosa
Wuchs: buschig mit silbergrauen Blättern; die unteren Abschnitte verholzend
Pflege: bei der Pflanzung ein Drittel Sand untermischen; zum Austrieb düngen; Rückschnitt nach der Blüte und im Frühjahr erhält die Form
Überwinterung: mit Reisig abdecken
Gestaltung: mit anderen mediterranen Arten und Küchenkräutern; klassisch als Unterpflanzung zu Rosen

✿ pflegeleicht ☼ Sonne ◐ Halbschatten ● Schatten

Oleander
Nerium oleander

Höhe: 100–250 cm
Blütezeit: Juni–September
immergrüne Kübelpflanze

➤ **stattlicher Südländer**

Blüten: einfach oder gefüllt; zu mehreren in den oberen Triebabschnitten; weiß, rosa, pink, rot, apricot oder gelb
Wuchs: reich verzweigter Strauch mit immergrünen, länglichen Blättern
Pflege: Blüten vor Regen schützen; reichlich gießen (Topf darf im Wasser stehen); alle 2 Wochen düngen; im Herbst auslichten
Überwinterung: hell bei 5–10 °C
Gestaltung: als Leitpflanze; schön zu Zitrusgewächsen

Pelargonie, Geranie
Pelargonium-Hybriden

Höhe: 25–35 cm
Blütezeit: Mai–Oktober
Balkonblume

➤ **lange Blütezeit**

Blüten: in Dolden zusammengefasst; weiß, rosa, rot, lila; auch zweifarbig
Wuchs: aufrecht oder als Hängegeranie mit bis zu 150 cm langen Trieben
Pflege: regelmäßig gießen und Verwelktes ausbrechen; alle 2 Wochen düngen
Überwinterung: hell bei etwa 5 °C; ab Februar Temperatur auf ca. 15 °C erhöhen
Gestaltung: mit Bauerngartenflair; weiße Sorten wirken elegant; Hängesorten erhöht platzieren

Strauchmargerite
Argyranthemum frutescens

Höhe: 20–100 cm
Blütezeit: Mai–Oktober
Laub abwerfende Kübelpflanze

➤ **naturhafter Charme**

Blüten: weiße Körbchenblüten mit gelber Mitte; auch gelbe und rosafarbene Sorten
Wuchs: reich verzweigt; buschig; im unteren Teil verholzend
Pflege: reichlich gießen und alle 2 Wochen düngen; lässt die Blüte nach, komplett um ein Drittel zurückschneiden
Überwinterung: hell bei 5–10 °C; kräftiger Rückschnitt im Frühjahr
Gestaltung: häufig als Hochstämmchen gezogen; beeindruckend als Paar

viel gießen · mittel gießen · wenig gießen · Duft · giftig

Schmucke Schatten-künstler

Gibt es etwas Schöneres, als sich an einem heißen Sommertag in den kühlen Schatten zurückzuziehen? Besitzer einer schattigen Terrassenecke oder eines Nordbalkons sollten sich diesen Vorteil zunutze machen und sich mit blühenden Topfpflanzen ein lauschiges Refugium schaffen. Kleinere Töpfe oder Kästen können gut mit Begonien, Fleißigen Lieschen oder den lustigen Zigarettenblümchen bestückt werden. Hängebegonien und Fuchsien lassen ihre Zweige anmutig über den Topfrand quellen und eignen sich auch für Blumenampeln. Stauden wie Astilben und Funkien fühlen sich in größeren Gefäßen wohl. Sie schmücken sich wochenlang mit Blüten und sind dank ihres schönes Blattwerks auch sonst eine Zierde. Zu den Schatten-Attraktionen gehören auch die üppigen Blütenbälle der Hortensien, die selbst im Verblühen noch eine Augenweide sind.

Fleißiges Lieschen
Impatiens-Hybriden

Höhe: 20–40 cm
Blütezeit: Mai–Oktober
Balkonblume

➤ **fleißiger Dauerblüher**

Blüten: tellerförmig, hinten zu Sporn verwachsen; in Weiß, Apricot, Orange, Rosa, Pink, Rot, Violett; auch zweifarbig
Wuchs: aufrecht, buschig mit fleischig verdickten Trieben
Pflege: auf gleichmäßige Wasserversorgung achten; alle 2 Wochen düngen; Verblühtes abzupfen
Überwinterung: nicht lohnend
Gestaltung: gefüllt blühende Sorten wirken sehr romantisch; als Unterpflanzung hübsch zu farblich passenden Fuchsien-Stämmchen

Fuchsie
Fuchsia-Hybriden

Höhe: 20–150 cm
Blütezeit: Mai–Oktober
Laub abwerfende Kübelpflanze

➤ **vielseitige Wuchsformen**

Blüten: hängende Glockenblüten in Weiß, Rosa, Pink, Rot, Violett; häufig zweifarbig
Wuchs: aufrecht, halbhängend oder hängend; beliebt als Hochstämmchen
Pflege: stets feucht halten, aber Staunässe vermeiden; an heißen Tagen überbrausen; alle 2–4 Wochen düngen; regelmäßig ausputzen
Überwinterung: hell bei 5–10 °C; dunkel bei max. 6 °C
Gestaltung: Sorten mit kräftigen Farben auch für sonnige Plätze; schöne Ampelpflanzen

pflegeleicht · Sonne · Halbschatten · Schatten

Funkie
Hosta-Arten

Höhe: 20–100 cm
Blütezeit: Juni–August
Staude

➤ **toller Blattschmuck**

Blüten: weiß, lila, violett; glockenförmig in Trauben
Wuchs: horstartig; schmale bis breit-herzförmige Blätter mit auffälligen Blattnerven je nach Art in Gelb, Grün, Blau, Grau; auch gemustert
Pflege: zum Austrieb Langzeitdünger einarbeiten; wird der Topf zu klein, Wurzelballen im Frühjahr teilen
Überwinterung: im Freien mit Reisigabdeckung
Gestaltung: als Ruhepol zu bunten Blütenfarben; gute Partner sind Farne

Hortensie
Hydrangea macrophylla

Höhe: 40–150 cm
Blütezeit: Juni–September
Laub abwerfende Kübelpflanze

➤ **barocke Blütenpracht**

Blüten: weiß, rosa, rot, blau, violett; Einzelblüten in kugeligen Blütenständen
Wuchs: reich verzweigte Sträucher mit großen Blättern
Pflege: in Rhododendronerde pflanzen; gleichmäßig feucht halten; mit entkalktem Wasser gießen; alle 2–4 Wochen mit Spezialdünger versorgen; nur nach der Blüte auslichten
Überwinterung: dick eingepackt im Freien oder dunkel bei 2–5 °C
Gestaltung: auffällige Solitärpflanzen; hübsch als Paar

Knollenbegonie
Begonia-Tuberhybrida-Gruppe

Höhe: 15–35 cm
Blütezeit: Mai–Oktober
Zwiebelblume

➤ **opulente Blütenformen**

Blüten: oft gefüllt mit gerüschten oder gefransten Blütenblättern; in leuchtenden Farben; auch zweifarbig
Wuchs: aufrecht oder hängend
Pflege: ab Mai nach draußen pflanzen; beim Gießen Staunässe vermeiden; regelmäßig ausputzen; monatlich düngen
Überwinterung: im Herbst die Knollen aus der Erde holen; kühl und trocken lagern
Gestaltung: schön zu den Blattschmuckpflanzen Efeu, Taubnessel oder Gundermann

viel gießen | mittel gießen | wenig gießen | Duft | giftig

Gefragte Allrounder

Sie sind unkompliziert in ihren Ansprüchen und passen sich problemlos jeder Stilrichtung an: die Wandelbaren unter den Topfpflanzen. Dazu gehören Füllpflanzen wie Männertreu oder Duftsteinrich, die gern als Unterpflanzung oder zur Abrundung zwischen andere Arten gesetzt werden, deren dichte Blütenpolster aber auch einzeln in einem kleinen Topf bezaubernd aussehen. Der nahezu unverwüstliche Frauenmantel wird auch im Topf seinem Ruf als Tausendsassa gerecht. Seine handförmig geteilten Blätter und zartgelben Blütenschleier harmonieren mit fast jeder anderen Blütenfarbe. Wer nach einem pflanzlichen Sichtschutz sucht, wählt entweder eine dicht beblätterte hohe Kübelpflanze wie den Bambus oder wunderschön blühende Kletterpflanzen wie die Clematis. Und wo immer eine exakte Form gefragt ist, wird man gern auf den robusten Buchsbaum zurückgreifen.

Bambus

Phyllostachys-Arten

Höhe: 2–3 m
Blütezeit: –
immergrünes Gras

➤ **imposante Wuchshöhe**

Blüten: entwickeln sich nur alle paar Jahre
Wuchs: aufrechte, grüne, gelbliche oder schwarze Halme mit langen, schmalen Blättern
Pflege: in große, dickwandige Töpfe pflanzen; im Frühjahr Langzeitdünger einarbeiten und alte Halme abschneiden; gut gießen, aber Staunässe vermeiden
Überwinterung: im Freien Topf dick einpacken und an frostfreien Tagen regelmäßig gießen
Gestaltung: als Sichtschutz; für asiatisches Flair

Buchsbaum

Buxus sempervirens

Höhe: 30–150 cm
Blütezeit: April–Mai
immergrüner Strauch

➤ **beliebig formbar** ✿

Blüten: unscheinbar, gelblich
Wuchs: reich verzweigt mit sehr dicht stehenden Ästen; kleine, eiförmige Blätter
Pflege: nicht austrocknen lassen und alle 4–6 Wochen düngen; Schnitt zwischen Mai und September; danach einige Tage beschatten, um Blattschäden zu vermeiden
Überwinterung: im Freien, vor Wind und Sonne geschützt; an frostfreien Tagen gießen
Gestaltung: als immergrüner Begleiter oder in Form geschnitten als Hauptattraktion

✿ pflegeleicht Sonne Halbschatten Schatten

Clematis, Waldrebe

Clematis-Viticella-Hybriden

Höhe: 1,5–3 m
Blütezeit: Juni–September
mehrjährige Kletterpflanze

➤ **robuste Sortengruppe**

Blüten: glocken- bis schalenförmig; weiß, rosa, rot, purpur, blau, violett
Wuchs: mit Hilfe von Blattranken kletternder Strauch
Pflege: regelmäßig gießen; im Frühjahr Langzeitdünger verabreichen; Pflanzenbasis mit flach wurzelnden Polsterpflanzen beschatten; basisnaher Rückschnitt nach der Blüte
Überwinterung: im Freien; Wurzelbereich abdecken; Pflanzgefäß isolieren
Gestaltung: als Sichtschutz und blühender Hintergrund

Frauenmantel

Alchemilla mollis

Höhe: 20–40 cm
Blütezeit: Juni–August
Staude

➤ **duftige Anmut**

Blüten: zartgelbe, lockere Blütenstände
Wuchs: buschige Horste mit dichtem Blattwerk
Pflege: Blütenstiele nach dem Verblühen zurückschneiden, Blätter spätestens im Frühjahr; zum Austrieb Langzeitdünger einarbeiten; wenn nötig, Wurzelballen teilen
Überwinterung: im Freien mit Reisigabdeckung
Gestaltung: klassisch als Rosenpartner; einzeln inszeniert oder kontrastreich mit blauen und violetten Blüten

Männertreu

Lobelia erinus

Höhe: 10–15 cm
Blütezeit: Mai–Oktober
Balkonblume

➤ **robuster Dauerblüher**

Blüten: asymmetrische, zierliche Form; blau, Sorten auch weiß, rosa, violett
Wuchs: buschig mit dünnen, flach niederliegenden bis überhängenden Trieben
Pflege: alle 2 Wochen niedrig dosiert düngen; bei Nachlassen des ersten Flors rundum ein Drittel zurückschneiden
Überwinterung: nicht lohnend
Gestaltung: als Begleiter von Kübelpflanzen; am Topfrand; in Blumenampeln; zarte Romantikpflanze, die jede Gestaltung abrunden kann

Duftwunder

Was wäre eine Rose ohne Duft? Die köstlichsten Duftnoten findet man bei Strauch- oder Kletterrosen, während vielen Rosen-Minis diese Eigenschaft leider abhanden gekommen ist. Blumige Düfte verströmen auch Sternjasmin oder die pastellig blühenden Sorten des Wandelröschens. Unverkennbar sind der aromatische Duft der blauvioletten Vanilleblume und das süße Honigaroma des kleinen Duftsteinrichs.

Naschpflanzen

Besonders Kräuter wie Basilikum, Rosmarin, Schnittlauch oder Thymian gedeihen völlig problemlos in Topfkultur. Einmal auf den Geschmack gekommen, wird man sich vielleicht auch gern an Gemüse- und Obstpflanzen versuchen. Voraussetzung: ein warmer und vollsonniger Standort. Als Einsteiger-Art empfiehlt sich die fruchtige Tomate, von der es sogar spezielle Balkon-Sorten gibt.

Rose

Rosa-Sorten

Höhe: 30–200 cm
Blütezeit: Juni–Oktober
Laub abwerfender Strauch

➤ **strahlender Mittelpunkt**

Blüten: meist dicht gefüllt in allen Farben außer Blau und Schwarz
Wuchs: buschig; mehr oder weniger stark bestachelte Triebe
Pflege: in hohen Topf pflanzen; im Frühjahr Langzeitdünger untermischen und wenn nötig leichter Rückschnitt; Verblühtes regelmäßig abschneiden
Überwinterung: im Herbst anhäufeln und mit Reisig abdecken; vor Wintersonne schützen
Gestaltung: Zwergrosen mit anderen Arten; Strauch- und Kletterrosen einzeln im Kübel

Vanilleblume

Heliotropium arborescens

Höhe: 30–50 cm
Blütezeit: Mai–September
Balkonpflanze

➤ **zieht Schmetterlinge an**

Blüten: kleine Einzelblüten in dichten Dolden; dunkelblau, violett oder weiß
Wuchs: aufrecht, leicht verzweigt; mit dunkelgrünen, rau behaarten Blättern
Pflege: ausgewogen gießen; mag keine Staunässe; alle 2 Wochen niedrig dosiert düngen; Verblühtes entfernen
Überwinterung: nicht lohnend
Gestaltung: in der Nähe eines Sitzplatzes kann man ihren Duft genießen; romantisch mit weiß und rosa blühenden Partnern

pflegeleicht | Sonne | Halbschatten | Schatten

Basilikum

Ocimum basilicum

Höhe: 20–50 cm
Blütezeit: den ganzen Sommer
einjähriges Würzkraut

➤ **mit dem Aroma Italiens**

Wuchs: aufrecht, buschig; Sorten mit feinblättrigen oder roten Blättern; auch mit Zitronenaroma; im Juli weiße Blüten
Pflege: ausgewogen gießen; Staunässe vermeiden; alle 4 Wochen niedrig dosiert düngen
Überwinterung: kann im Herbst bis zum Absterben im Zimmer weiterkultiviert werden
Ernte: laufend; zuerst die Triebspitzen ernten, damit sich die Pflanzen besser verzweigen
Gestaltung: einzeln in geräumige Töpfe pflanzen; Sammlung verschiedener Sorten

Rosmarin

Rosmarinus officinalis

Höhe: 30–70 cm
Blütezeit: ganzjährig
mehrjähriges Würzkraut

➤ **verströmt würzigen Duft**

Wuchs: im unteren Bereich verholzender Halbstrauch mit buschigem Wuchs; besetzt mit immergrünen, nadelförmigen Blättern; von März bis Juni hellblaue, rosa oder weiße Blüten
Pflege: ausgewogen gießen; möglichst selten umtopfen; evtl. Formschnitt im Frühjahr
Überwinterung: hell, bei etwa 10 °C; wenig gießen, aber nicht austrocknen lassen
Ernte: Blätter und Zweige rund ums Jahr
Gestaltung: auch als Hochstämmchen schön

Tomate

Lycopersicon esculentum

Höhe: 25–150 cm
Blütezeit: Juli–Oktober
einjähriges Fruchtgemüse

➤ **leckere Sortenvielfalt**

Wuchs: niedrige bis hohe, aufrechte oder überhängende Sorten; ab Mai gelbe Blüten
Pflege: gleich beim Einpflanzen an einem Stützstab aufleiten (Ausnahme: Buschtomaten); regelmäßig durchdringend gießen und alle 2 Wochen nachdüngen; bei hohen Sorten wöchentlich die Seitentriebe entfernen (= ausgeizen)
Überwinterung: entfällt
Ernte: ab Juli vollreife Früchte
Gestaltung: ihr leuchtend roter Fruchtschmuck wird an einer Südwand zum Blickfang

Sommerlanger Blütenzauber

Sommer- und Balkonblumen

Name	Licht	Blütezeit/ Blütenfarbe	Wuchshöhe	Ansprüche & Besonderheiten
Becherblume *Nierembergia hippomanica*	☼ ◐	Juni–Okt. weiß, rosa, rot, violett	15–20 cm	Überwinterung möglich; zarte Schalenblüten; regelmäßig gießen
✿ **Duftsteinrich** *Lobularia maritima*	☼ ◐	Mai–Okt. weiß, rosa, violett	5–15 cm	einjährig; Blüten mit Honigduft; Rückschnitt nach dem 1. Flor
Elfenspiegel *Nemesia*-Hybriden	☼ ◐	Mai–Sept. weiß, gelb, orange, rot	20–30 cm	einjährig; regelmäßig ausputzen; Rückschnitt nach dem 1. Flor
Elfensporn *Diascia barberae*	☼	Mai–Okt. rosa	20–25 cm	einjährig; zarte Blüten; robust; Rückschnitt nach dem 1. Flor
Gauklerblume *Mimulus guttatus*	☼	Mai–Sept.; gelb, orange, rot, auch zweifarbig	20–30 cm	Überwinterung möglich; lang überhängende Triebe zweifarbig
Goldlack *Erysimum cheiri*	☼ ◐	April–Juni gelb, orange, rot	20–40 cm	zweijährig; duftende Blüten; giftig
✿ **Heiligenkraut** *Santolina chamaecyparissus*	☼ ◐	Juni–Aug. gelb	20–35 cm	Überwinterung möglich; silbergraue Blätter; duftend
Löwenmäulchen *Antirrhinum majus*	☼ ◐	Mai–Sept. viele Farbtöne	15–30 cm	einjährig; verblühte Stiele abschneiden; danach düngen
Mittagsblume *Dorotheanthus bellidiformis*	☼	Juli–Sept. viele Farbtöne	10–15 cm	einjährig; regenempfindlich; wenig gießen und düngen
Petunie *Petunia*-Hybriden	☼ ◐	Mai–Okt. viele Farbtöne	20–30 cm	aufrechter oder überhängender Wuchs; regelmäßig ausputzen
✿ **Portulakröschen** *Portulaca grandiflora*	☼	Mai–Sept. viele Farbtöne	10–20 cm	einjährig; regenempfindlich; für heiße Standorte geeignet
Primel *Primula vulgaris*	☼ ◐	Febr.–April viele Farbtöne	5–10 cm	nach dem Verblühen in den Garten umpflanzen
✿ **Ringelblume** *Calendula officinalis*	☼ ◐	Juni–Okt. gelb, orange	20–30 cm	einjährig; kann direkt in den Topf gesät werden
Schmuckkörbchen *Cosmos bipinnatus*	☼	Juni–Okt. weiß, rosa, rot	50–100 cm	einjährig; buschiger Wuchs; dekoratives Laub
Schneeflockenblume *Sutera diffusus*	☼ ◐	Mai–Okt. weiß, rosa	15–25 cm	Triebe lang überhängend; robust; selbstreinigend

Name	Licht	Blütezeit/ Blütenfarbe	Wuchshöhe	Ansprüche & Besonderheiten
✿ **Sonnenblume** *Helianthus annuus*	☀	Juli–Okt. gelb	40–200 cm	einjährig; kann direkt in den Topf gesät werden; imposant
✿ **Span. Gänseblümchen** *Erigeron karvinskianus*	☀	Mai–Okt. weiß, rosa	20–30 cm	buschiger Wuchs; aber filigran; Überwinterung möglich
Stiefmütterchen *Viola-Wittrockiana*-Hybriden	☀ ◐	März–Mai viele Farbtöne	15–25 cm	zweijährig; schön zu Zwiebelblumen
Studentenblume *Tagetes tenuifolia*	☀	Mai–Okt. gelb, orange, rot	20–30 cm	einjährig; mit einfachen kleinen Blüten und gefiederten Blättern
Ziertabak *Nicotiana × sanderae*	☀	Mai–Sept.; weiß, gelbgrün, rosa, rot, violett	30–40 cm	einjährig; windgeschützter Standort; abends stark duftend; giftig
Zigarettenblümchen *Cuphea ignea*	☀ ◐ ●	Mai–Okt. rot	20–30 cm	röhrenförmige Blüten; leicht überhängender Wuchs
✿ **Zitronenpelargonie** *Pelargonium odoratissimum*	☀ ◐	Mai–Aug. weiß, rosa	23–35 cm	Blätter duften nach Zitrone und Apfel; im Zimmer überwintern

Kletterpflanzen

Name	Licht	Blütezeit/ Blütenfarbe	Wuchshöhe	Ansprüche & Besonderheiten
✿ **Duftwicke** *Lathyrus odoratus*	☀ ◐	Juni–Sept. viele Farbtöne	0,2–2 m	einjährig; duftend; kann direkt in den Topf gesät werden; giftig
Geißblatt *Lonicera*-Arten	☀ ◐	Mai–Juni weiß, gelb, orange, rot	2–4 m	mehrjährig; abendduftend; giftig
✿ **Kapuzinerkresse** *Tropaeolum majus*	☀ ◐	Juni–Okt. weiß, gelb, orange, rot	1,5–2 m	einjährig; kann direkt in den Topf gesät werden; fast runde Blätter
Passionsblume *Passiflora caerulea*	☀	Juni–Okt. blauviolett	1–3 m	Überwinterung hell bei 0–5 °C; im Sommer wöchentlich düngen
Prunkwinde *Ipomoea tricolor*	☀	Juli–Okt. weiß, rot, blau	2–3 m	einjährig; große, herzförmige Laubblätter; giftig
Rosenkelch *Rhodochiton atrosanguineus*	☀	Aug.–Okt. rosa, rot	2–3 m	Halbstrauch; Überwinterung möglich; zuvor Triebe stutzen
Ruhmeskrone *Gloriosa superba*	☀ ◐	Juni–Aug. gelb, rot	0,5–1 m	Zwiebelblume; Blätter einziehen lassen; frostfrei überwintern; giftig
Schwarzäugige Susanne *Thunbergia alata*	☀	Mai–Okt. gelb, orange	1–1,5 m	einjährig; guter Sichtschutz durch dichtes Blattwerk

Ausdauernde Pflanzenschätze

Kübelpflanzen

Name	Licht	Blütezeit/ Blütenfarbe	Wuchshöhe	Ansprüche & Besonderheiten
Bleiwurz *Plumbago auriculata*	☼	Juni–Okt. weiß, hellblau	0,5–2 m	Überwinterung hell bei 5–15 °C; Rückschnitt im Herbst
Bougainvillee *Bougainvillea*-Hybriden	☼	Mai–Aug.; weiß, purpurfarben, orange, rot	1–3 m	Überwinterung hell bei 5–10 °C; Triebe an Stützstäben aufbinden
Engelstrompete *Brugmansia*-Arten	☼ ◑	Juni–Sept. weiß, gelb, rosa, apricot	1,5–3 m	Überwinterung bei 5–10 °C; zuvor stark stutzen; giftig
Enzianstrauch *Lycianthes rantonnetii*	☼ ◑	Mai–Okt. blau, violett	1,5–3 m	Überwinterung bei 5–10 °C; Rückschnitt im Herbst; giftig
Granatapfel *Punica granatum*	☼	Mai–Sept. weiß, orange, hellrot	0,5–2,5 m	Überwinterung hell oder dunkel bei 1–5 °C; bildet Früchte aus
Hibiskus *Hibiscus rosa-sinensis*	☼ ◑	März–Okt.; weiß, gelb, orange, rosa, rot	0,5–2,5 m	Überwinterung hell bei 10–15 °C; Rückschnitt im Frühjahr möglich
Kamelie *Camellia*-Hybriden	◑	Febr.–April; weiß, rosa, rot, auch zweifarbig	0,5–2 m	Überwinterung hell bei 5–10 °C; braucht hohe Luftfeuchtigkeit
Kreppmyrte *Lagerstroemia indica*	☼	Juli–Okt. weiß, rosa, rot, violett	1–2,5 m	Überwinterung hell oder dunkel bei 5–10 °C; fliederartige Blüten
Lorbeerbaum *Laurus nobilis*	☼ ◑ ●	April–Mai grüngelb, unscheinbar	1–2 m	Überwinterung hell bei 5–10 °C; Formschnitt möglich
✿ **Myrte** *Myrtus communis*	☼	Juni–Okt. weiß	0,5–1,5 m	Überwinterung hell bei 5–10 °C; Formschnitt möglich
Olivenbaum *Olea europaea*	☼ ◑	Juli–Aug. gelblich	1,5–3 m	Überwinterung hell bei etwa 5 °C oder dunkel bei etwa 0 °C
✿ **Sternjasmin** *Trachelospermum jasminoides*	☼ ◑	Mai–Sept. weiß	1–3 m	Überwinterung hell bei 5–10 °C; duftend; braucht Kletterhilfe
Wandelröschen *Lantana camara*	☼	Mai–Okt. viele Farbtöne	0,7–1,5 m	Überwinterung hell bei 5–15 °C; lockt Schmetterlinge an; giftig
✿ **Wollmispel** *Eriobotrya japonica*	☼ ◑	Sept.–Okt. weiß	1–2,5 m	Überwinterung hell bei 0–10 °C; duftend; bildet Früchte aus
Zitrusgewächse *Citrus*-Arten	☼	März–Aug. weiß	1–2,5 m	Überwinterung hell bei 5–10 °C; duftend; Früchte; kalkfrei gießen

Gehölze

Name	Licht	Blütezeit/ Blütenfarbe	Wuchshöhe	Ansprüche & Besonderheiten
✿ Eibe *Taxus baccata*	☼ ◑ ●	März–April unscheinbar	0,5–1,5 m	niedrige Sorten wählen; immergrün; rote Beeren; giftig
Fächerahorn *Acer palmatum*	◑	Mai rot	1–3 m	saures Substrat; kalkfrei gießen; leuchtend rote Herbstfärbung
Forsythie *Forsythia × intermedia*	☼ ◑	März–Mai gelb	1–3 m	alle 2–3 Jahre starker Rückschnitt nach der Blüte
✿ Liguster *Ligustrum vulgare*	☼ ◑ ●	Juni–Juli weiß	0,7–3 m	immergrün; Formschnitt möglich; schwarze Beeren; giftig
Rhododendron *Rhododendron*-Hybriden	◑ ●	April–Mai viele Farbtöne	0,7–1,5 m	niedrige Sorten wählen; immergrün; in Moorbeeterde pflanzen
Zwergkoniferen verschiedene Arten	☼ ◑	– –	0,2–1 m	immergrün; kissen-, kegel- oder säulenförmiger Wuchs

Zwiebelblumen

Name	Licht	Blütezeit/ Blütenfarbe	Wuchshöhe	Ansprüche & Besonderheiten
Blumenrohr *Canna-Indica*-Hybriden	☼	Juni–Okt.; weiß, gelb, orange, rosa, rot	50–150 cm	große, exotische Blüten; Rhizome frostfrei überwintern
Hyazinthe *Hyacinthus-Orientalis*- Hybr.	☼	April–Mai viele Farbtöne	15–30 cm	stark duftend; Zwiebeln im Herbst setzen; manche Arten giftig
✿ Krokus *Crocus*-Hybriden	☼ ◑	März–April viele Farbtöne	5–15 cm	nach dem Verblühen in den Garten umsetzen
Lilie *Lilium*-Hybriden	☼ ◑	Juni–Aug. viele Farbtöne	20–200 cm	duftend; Zwiebeln beim Pflanzen auf Sand betten; Winterschutz
✿ Narzisse *Narcissus*-Hybriden	☼ ◑	März–Mai weiß, gelb, zweifarbig	20–60 cm	duftend; nach dem Verblühen in den Garten umsetzen; giftig
Schmucklilie *Agapanthus africanus*	☼	Juli–Aug. weiß, blau	70–100 cm	in massiven Topf pflanzen; Überwinterung bei 5–10 °C
Schopflilie *Eucomis bicolor*	☼ ◑	Juli–Aug. lindgrün	30–50 cm	Blütenstand erinnert an eine Ananas; frostfrei überwintern
Tulpe *Tulipa*-Hybriden	☼ ◑	April–Mai viele Farbtöne	20–70 cm	Zwiebeln im Herbst setzen; später in den Garten umpflanzen

Gartenpflanzen für den Topf

Stauden

Name	Licht	Blütezeit/ Blütenfarbe	Wuchshöhe	Ansprüche & Besonderheiten
✿ **Bergenie** *Bergenia*-Hybriden	◑	April–Mai weiß, rosa, rot	30–40 cm	oft schöne Herbstfärbung; erst im Frühjahr ausputzen
Blaukissen *Aubrieta*-Hybriden	☼	April–Mai rosa, blau, violett	10–20 cm	dichte, blütenübersäte Polster; immergrüne Blätter
Fingerhut *Digitalis purpurea*	◑	Juni–Juli weiß, gelb, rosa, rot	100–150 cm	gleich nach der Blüte zurückschneiden; giftig
Glockenblume niedrige *Campanula*-Arten	☼ ◑	Mai–Sept. weiß, blau, violett	10–30 cm	bilden dichte Blütenpolster; Winterschutz nötig
✿ **Hauswurz** *Sempervivum*-Hybriden	☼	Juni–Juli rosa, rot	10–25 cm	genügsam; leichte Vermehrung durch Tochterrosetten
Heidekraut *Calluna vulgaris*	☼ ◑	Juni–Okt. weiß, rosa, rot, violett	20–40 cm	in Moorbeeterde pflanzen; im Frühjahr um ein Drittel schneiden
Islandmohn *Papaver nudicaule*	☼	Mai–Aug. weiß, gelb, orange, rosa	20–40 cm	verblühte Stängel abschneiden; Winterschutz nötig
✿ **Katzenminze** *Nepeta × faassenii*	☼	Mai–Sept. blau	20–40 cm	nach dem 1. Flor für Nachblüte zurückschneiden; duftend
Purpur-Fetthenne *Sedum telephium*	☼	Juli–Okt. rosa, purpurrot	40–60 cm	herbstfärbende Blätter; Fruchtstände erst im Frühjahr schneiden
✿ **Purpurglöckchen** *Heuchera*-Hybriden	☼ ◑	Mai–Aug. weiß, rosa, rot	30–60 cm	Glöckchenblüten; hübsche, winterschöne Blätter
Rittersporn *Delphinium*-Hybriden	☼	Juni–Juli weiß, rosa, blau, violett	80–200 cm	nach dem 1. Flor für Nachblüte zurückschneiden; Stiele abstützen
Schleifenblume *Iberis sempervirens*	☼	April–Mai weiß	15–30 cm	immergrün; polsterförmig; Rückschnitt nach der Blüte
Storchschnabel *Geranium*-Arten	☼ ◑	Mai–Aug. rosa, blau, violett	20–60 cm	hübsche Blätter, manche mit Herbstfärbung
✿ **Taglilie** *Hemerocallis*-Hybriden	☼ ◑	Mai–Aug. viele Farbtöne	40–110 cm	manche Sorten duftend; Verblühtes regelmäßig abknipsen
Ziersalbei *Salvia nemorosa*	☼	Mai–Aug. violett	30–50 cm	nach dem 1. Flor für Nachblüte zurückschneiden

Kräuter

Name	Licht	Blütezeit/ Blütenfarbe	Wuchshöhe	Ernte	Ansprüche & Besonderheiten
Liebstöckel *Levisticum officinale*	☼ ◑	Juli–Aug. gelb	50–100 cm	Mai–Nov.	mehrjährig; einzeln pflanzen; gleichmäßig feucht halten
Minze *Mentha × piperita*	☼	Juli–Aug. rosa, violett	30–50 cm	Juni–Okt.	mehrjährig; einzeln pflanzen, da stark Ausläufer treibend
✿ **Oreganum** *Origanum vulgare*	☼	Juli–Okt. rosa	15–50 cm	April–Nov.	mehrjährig; im Frühjahr stark zurückschneiden
Petersilie *Petroselinum crispum*	☼ ◑	Juni–Juli gelb	15–30 cm	April–Nov.	zweijährig; kann direkt in den Topf gesät werden
Salbei *Salvia officinalis*	☼	März–April hellblau	20–50 cm	Mai–Nov.	mehrjähriger Halbstrauch; Rückschnitt im Frühjahr
Schnittlauch *Allium schoenoprasum*	☼ ◑	Juni–Juli rosa	20–30 cm	April–Nov.	mehrjährig; Überwinterung hell bei 5–10 °C
✿ **Thymian** *Thymus vulgaris*	☼	Mai–Sept. weiß, lila	15–30 cm	Mai–Nov.	mehrj.; verholzend; ältere Pflanzen zurückschneiden
Zitronenmelisse *Melissa officinalis*	☼ ◑	Juli weiß	30–80 cm	Mai–Nov.	mehrj.; ausladender Wuchs; gleichmäßig feucht halten

Obst & Gemüse

Name	Licht	Blütezeit/ Blütenfarbe	Wuchshöhe	Ernte	Ansprüche & Besonderheiten
Apfel- u. Birnbäumchen *Malus-* u. *Pyrus-*Sorten	☼	April rosa, weiß	150–250 cm	Sept.–Okt.	niedrige Sorten wählen; z. B. Ballerina-Säulenapfel ‘Bolero’
✿ **Erdbeere** *Fragaria vesca*	☼	Mai–Sept. weiß	20–25 cm	Juni–Sept.	mehrjährig; kleine, aber sehr aromatische Früchte
var. *semperflorens*					
Feuerbohne *Phaseolus coccineus*	☼	Juni–Sept. weiß, rot	100–300 cm	Juli–Aug.	einj.; kann direkt in den Topf gesät werden; guter Sichtschutz
Johannisbeere *Ribes rubrum, R. nigrum*	☼	April–Mai weiß, rot	100–200 cm	Juni–Aug.	windgeschützter Platz; schön als Hochstämmchen
✿ **Pflücksalat** *Lactuca sativa* var. *crispa*	☼ ◑	–	20–30 cm	Mai–Aug.	einj.; von außen nach innen ernten; »Herz« stehen lassen
✿ **Rucola** *Eruca sativa*	☼ ◑	Juli gelb	10–50 cm	Mai–Sept.	einj.; ab April direkt ins Gefäß säen; fortlaufend ernten

Arbeitskalender

Januar – April: Frühe Blüten eröffnen die Saison

JANUAR

- **Planen:** Kataloge von Samen- und Pflanzenversendern bieten Anregungen für die kommende Topfbepflanzung. Wer jetzt ordert, startet pünktlich in die neue Saison.
- **Überwintern:** Immergrüne im Freien an frostfreien Tagen gießen und vor direkter Sonne schützen. Schnee abschütteln, damit keine Zweige abbrechen. Kübelpflanzen im Winterquartier nach Schädlingen absuchen. Nur bei Bedarf gießen.

FEBRUAR

- **Pflegen:** Bereits ab Mitte Februar können Sie mit der Vorkultur langsam keimender Sommerblumen beginnen und die Knollen von Begonien antreiben.
- **Überwintern:** Winterschutz und Wasserbedarf der im Freien überwinternden Pflanzen regelmäßig kontrollieren, ebenso bei den Arten im Winterquartier. Geranien, die lange Geiltriebe bilden, müssen zurückgeschnitten und heller gestellt werden.

Mai – August: Sommerliches Blüten-Spektakel

MAI

- **Planen:** Jetzt ist die Auswahl an blühenden Topfpflanzen am größten. Beim Einkauf auch an Erde und Dränagematerial denken.
- **Pflanzen:** Wählen Sie einen bedeckten Tag zum Einpflanzen, damit die Jungpflänzchen keinen Sonnenschaden erleiden. Wer sich ständiges Nachdüngen ersparen möchte, gibt der Erde Langzeitdünger bei.
- **Überwintern:** Nach den Eisheiligen können alle Kübelpflanzen nach draußen umziehen.

JUNI

- **Planen:** Standort der Pflanzen optimieren, denn mit höherem Sonnenstand verändern sich die Lichtverhältnisse.
- **Gestalten:** Beste Zeit zum Rosenkauf.
- **Pflegen:** Formschnittgehölze schneiden. Hochwüchsige Stauden aufbinden, Polsterstauden um die Hälfte zurückschneiden. Täglich gießen, alle 1–2 Wochen düngen und Verblühtes regelmäßig entfernen. Gute Gelegenheit, um Stecklinge zu schneiden.

September – Dezember: Farbenfroher Saisonausklang

SEPTEMBER

- **Planen:** Brauchen Sie noch Material, um Ihre Topfpflanzen winterfest zu machen?
- **Pflanzen:** Pflanzgefäße mit den Zwiebeln von Frühjahrsblühern bestücken. Herbstblüher, Gräser und Immergrüne pflanzen.
- **Pflegen:** Weiterhin regelmäßig gießen und ausputzen. Zu groß gewordene Stauden nach dem Rückschnitt teilen.

OKTOBER

- **Pflegen:** Bei drohenden Nachtfrösten Herbstblüher über Nacht ins Zimmer stellen. Immergrüne weiterhin regelmäßig gießen.
- **Überwintern:** Kübelpflanzen ins Winterquartier räumen. Töpfe von draußen überwinternden Gehölzen und Stauden mit Winterschutz versehen. Begonien- und Dahlienknollen austopfen, trocknen lassen und im Keller einlagern.

MÄRZ

- **Gestalten:** Richten Sie die Töpfe für Ihre Frühjahrsbepflanzung her.
- **Pflanzen:** Frühlingsblüher eintopfen und nach draußen stellen. Obstbäumchen mit Stiefmütterchen & Co. unterpflanzen.
- **Überwintern:** An warmen Tagen die Winterschutzabdeckungen entfernen, aber weiterhin bereithalten. Rosen abhäufeln. Kübelpflanzen zurückschneiden, falls nicht schon im Herbst geschehen.

APRIL

- **Planen:** Schreiben Sie sich eine Pflanzen-Einkaufsliste, um den Überblick zu behalten.
- **Gestalten:** Zeit, den Sitzplatz inmitten der Topfpflanzen wieder gemütlich einzurichten.
- **Pflanzen:** Überwinterte Kübelpflanzen umtopfen oder oberste Erdschicht erneuern.
- **Pflegen:** Vorgezogene Setzlinge pikieren. Leicht keimende Arten direkt aussäen.
- **Überwintern:** Ab Mitte des Monats mit dem Abhärten der Kübelpflanzen beginnen.

JULI

- **Planen:** Organisieren Sie rechtzeitig vor dem Urlaub jemanden, der Ihre Topfpflanzen gießt.
- **Gestalten:** Genießen Sie die lauen Sommerabende im Freien. Nachtduftende Arten verwöhnen mit ihrem Parfum.
- **Pflegen:** Bei Bedarf zweimal täglich gießen. Sobald der erste Flor von Strauchmargeriten, Lobelien und Duftsteinrich nachlässt, um ein Drittel zurückschneiden. Verblühte Stiele von Stauden abschneiden.

AUGUST

- **Gestalten:** Sammeln Sie im Urlaub Anregungen für neue Pflanzideen. Am besten mit dem Fotoapparat festhalten.
- **Pflanzen:** Ausgepowerte Sommerblumen durch Herbstblüher ersetzen.
- **Pflegen:** Topfgemüse vor Dauerregen schützen, damit sich keine Pilzkrankheiten ausbreiten. Fuchsien öfter abduschen.
- **Überwintern:** Gehölze und Kübelpflanzen ab Ende des Monats nicht mehr düngen.

NOVEMBER

- **Gestalten:** Verwaiste Töpfe mit Tannengrün und Beerenzweigen schmücken.
- **Pflegen:** Witterungsempfindliche Pflanzgefäße, Rankstäbe, Glaskugeln und Gartenmöbel in Keller oder Garage lagern.
- **Überwintern:** Für Hygiene im Winterquartier sorgen, Kübelpflanzen einmal wöchentlich inspizieren und nur bei Bedarf gießen.

DEZEMBER

- **Gestalten:** Weihnachtszeit im Topfgarten. Je nach Geschmack verbreiten Lichterketten, rotbackige Äpfel oder Glaskugeln festliche Stimmung. Vogelfutterhäuschen aufstellen.
- **Überwintern:** Winterschutz im Freien regelmäßig kontrollieren. An klirrenden Frosttagen überprüfen, ob die Temperatur im Winterquartier noch im positiven Bereich liegt.

Die **halbfett** gesetzten Seitenzahlen verweisen auf Abbildungen.

Literatur

Eberts, Wolfgang: Bambus – schnell und einfach. Gräfe und Unzer Verlag, München

Fischer, Ellen: Das Topfgartenbuch. Verlag Eugen Ulmer, Stuttgart

Fischer, Ellen: Inspirationen für den Topfgarten. Verlag Eugen Ulmer, Stuttgart

Große-Feldhaus, Antje: Balkon & Terrasse mediterran. Gräfe und Unzer Verlag, München

Kötter, Engelbert: Küchenkräuter schnell & einfach. Gräfe und Unzer Verlag, München

Maier, Hans-Peter: Zitruspflanzen schnell & einfach. Gräfe und Unzer Verlag, München

Mayer, Joachim: Balkonpflanzen schnell & einfach. Gräfe und Unzer Verlag, München

Mayer, Joachim: Balkon- und Kübelpflanzen. Gräfe und Unzer Verlag, München

Zeitschriften

Flora
Gruner + Jahr AG & Co. KG
20444 Hamburg

Gartenspaß und
mein schöner Garten
Burda Senator Verlag GmbH
77605 Offenburg

Garten & Wohnen
Aenne Burda Verlag GmbH
und Co. KG
77652 Offenburg

Kraut & Rüben
DLV GmbH
80797 München

Adressen

Blumenzwiebelversand (auch Zubehör):
Gärtner Pötschke GmbH
Beuthener Straße 4
41564 Kaarst
www.gaertner-poetschke.de

Pflanzenversand (auch ausgefallene Arten und viele Kräutersorten):
Blumenschule
Augsburger Straße 62
86956 Schongau
➤ www.blumenschule.de

Ahrens + Sieberz
53721 Siegburg-Seligenthal
➤ www.as-garten.de

Kübelpflanzenversand:
flora toskana
Böfinger Weg 10
89075 Ulm/Donau
➤ www.flora-toskana.de

Samenversand:
Thysanotus-Samenversand
Uwe Siebers
Schulweg 21
28876 Oyten
➤ www.thysanotus-samenversand.de

Nützlingsversand:
W. Neudorff GmbH KG
An der Mühle 3
31860 Emmerthal
➤ www.neudorff.de

Bildnachweis

Bornemann: U1, 8, 27, 28 li., 28 mi., 42 re., 43 li., 43 re., 44 re., 45 re., 49 mi.; Borstell: 15, 17, 46 re., U4 li., U4 re.; Caspersen: 2/3, 45 li.; Franz: 49 li.; GBA/Nichols: 10; Jahreiß: 4/5, 21, 23, 25, 26, 28 re., 30, 33, 36–39; Nickig: 45 mi., 48 li.; Pforr: 49 re.; Picture Press/ Flora/Borkowski: U2/1; Reinhard: 9, 18, 19 re. u., 20, 35 re. o, 42 li., 47 re.; Schneider/ Will: 6, 7, 11, 12, 13, 19 li., 32, 34, 35 li., 35 re. u., 40/41, 43 mi., 44 li., 46 li., 47 mi., 48 re., U4 mi.; Stork: 3, 16 re., 29; Strauß: 14, 16 li., 19 re. o., 22, 31, 47 li., 64

Fotos auf dem Umschlag und im Innenteil: Umschlagvorderseite: Topfarrangement mit Glockenblume, Rose, Geranien, Duftsteinrich und Kräutern; Umschlag innen/ S. 1: Balkonsituation im Gegenlicht; S. 4/5: Pflanze umtopfen; S. 40/41: Petunien; S. 64: Engelstrompete, Clematis, Stockrose und Petunie; Umschlagrückseite: Sitzplatz bei Duftpflanzen mit Lavendel und Pelargonien (li.); Frühlingsambiente mit Tulpen, Ranunkeln und Primeln (mi.); Sitzplatz mit Buchs, Zitronen, Jasmin u. a. (re.)

Die Autorin

Karin Heimberger-Preisler studierte in Innsbruck und Stuttgart-Hohenheim Biologie. Sie besitzt jahrelange Erfahrung als Autorin und Redakteurin, u. a. für die Zeitschriften »Garten & Wohnen«, »Gartenträume« und »Gartenspaß«. Dazu verfasste sie bereits rund ein Dutzend Bücher.

Dank

Verlag, Autorin und Fotografen danken der W. Neudorff GmbH KG für die freundliche Unterstützung.
Verlag und Fotografen danken außerdem:
Fam. Rudolf Auwärter, Harlachhammer
Fam. Jahreiß, Rathaushütte
Fam. Jette Schöffel, Mak.-Lorenzreuth
Fam. Skotnik, Mak.-Lorenzreuth
Fam. Günter Wunderlich, Selb

Wichtige Hinweise

➤ Einige der hier beschriebenen Pflanzen sind giftig oder Haut reizend. Sie dürfen nicht verzehrt werden.

➤ Bewahren Sie Düngemittel für Kinder und Haustiere unerreichbar auf.

➤ Wenn Sie sich bei der Gartenarbeit verletzen, sollten Sie umgehend einen Arzt aufsuchen. Eventuell ist eine Impfung gegen Tetanus erforderlich.

Impressum

Programmleitung: Steffen Haselbach
Leitende Redaktion: Anita Zellner
Redaktion und Konzeption: Angelika Holdau
Lektorat: Eva Wagner
Umschlaggestaltung und Layout: independent Medien-Design, München
Produktion: Bettina Häfele
Satz: Uhl + Massopust, Aalen
Reproduktion: Longo, Bozen
Druck und Bindung: Kaufmann, Lahr
Printed in Germany

ISBN 3-7742-6111-3

Auflage	4	3	2	1
Jahr	2007	2006	2005	2004

GRÄFE UND UNZER

Ein Unternehmen der
GANSKE VERLAGSGRUPPE

GU PFLANZENRATGEBER
Wenig tun, viel genießen.

ISBN 3-7742-3643-7
64 Seiten
7,90 € [D]

ISBN 3-7742-5751-5
64 Seiten
7,90 € [D]

ISBN 3-7742-3619-4
64 Seiten
7,90 € [D]

ISBN 3-7742-3622-4
64 Seiten
7,90 € [D]

ISBN 3-7742-5444-3
64 Seiten
7,90 € [D]

Gärtnern schnell & einfach? Gar kein Problem! Verwandeln Sie Garten, Terrasse, Balkon und Haus im Handumdrehen in eine grüne Oase. Das 5-Stufen-Erfolgsprogramm zeigt, wie's geht.

WEITERE LIEFERBARE TITEL BEI GU:

- **GU PFLANZENRATGEBER: Guter Boden, Kleine Gärten, Küchenkräuter, Orchideen, Pflanzen vermehren, Rasen**

GU

Gutgemacht. Gutgelaunt.

VIELFALT PFLANZEN

Pflanzenvielfalt macht den Topfgarten interessant: Zwiebelblumen künden vom Frühling, **Balkonblumen** blühen die ganze Saison hindurch, Stauden und Rosen setzen auffällige Akzente, **Kübelpflanzen** schaffen südliches Flair, und Immergrüne sind während der kalten Jahreszeit einfach unersetzlich.

So haben Sie Freude an Ihren Topfpflanzen

DRÄNAGE ANLEGEN

Wählen Sie zum Bepflanzen ausschließlich Gefäße mit **Wasserabzugslöchern**. Nachdem diese mit Tonscherben abgedeckt sind, sollten Sie vor dem Einfüllen der Erde immer eine dünne Schicht aus **Blähton**, Tongranulat, Splitt oder **Kies** auslegen. Diese verhindert, dass Staunässe entsteht.

ÜBERLEGT DÜNGEN

Vermeiden Sie Überdüngung, indem Sie sich strikt an die **Dosierungsanleitungen** auf der Düngerpackung halten und am Nährstoffbedarf der einzelnen Arten orientieren. **Langzeitdünger** am besten gleich beim Eintopfen unter die Erde mischen.

REGELMÄSSIG AUSPUTZEN

Versuchen Sie während der Hauptsaison möglichst **täglich** alle verwelkten **Blüten** zu **entfernen**. Damit verhindern Sie, dass die Pflanze Samen ansetzt, was sie unnötig Kraft kosten würde. Stattdessen wird die Neubildur von Blüten angeregt.